KB233056

예배와 삶의 일치

복음에는 하나님의 의가 나타나서 믿음으로 믿음에
이르게 하나니 기록된 바 오직 의인은 믿음으로
말미암아 살리라 함과 같으니라
로마서 1 17

오직 믿음으로만 살았던 개혁신앙을 계승 발전시키고 다시오실 주님
의 길을 예비하는 마음으로 21세기에도 역동적인 신앙을 세우는데
꿈과 비전을 품고 예배와 삶의 일치를 이루는 출판 공동체입니다.

하나님은
예배하는 자를
찾으신다

The Believer's Guide to Worship

by Chris A. Bowater

하나님은 예배하는 자를 찾으신다

크리스 보와터 지음
정 규 운 옮김

비전북출판사

하나님은 예배하는 자를 찾으신다

1판 1쇄 발행 : 1997년 2월 25일
1판 6쇄 발행 : 2002년 1월 25일

저　자 : 크리스 보와터
역　자 : 정규운
발행인 : 이원우　/　발행처 : **비전북출판사**
주　소 : (121-839)서울시 마포구 서교동 388-1 대강 B/D 201호
전　화 : (02)3141-9090(대)　/　팩 스 : (02)3144-6620

Homepage : www.Visionbooks.co.kr
E-mail : Vsbook@hanmail.net
등록번호 : 제10-1452호

공급인 : 박종태　/　공급처 : **비전북**
전　화 : (031)907-3927　/　팩 스 : (080)403-1004

Copyright ⓒ 1997 **비전북출판사** Printed in Korea
값 6,000원

ISBN 89-87613-67-4 03230

❖ 잘못 만들어진 책은 바꾸어 드립니다.
❖ 본 도서의 내용을 일부 또는 전부를 허락없이 전재, 복사 또는 광전자 매체 수록 등을 할 수 없습니다.

이 책을 나의 가족들
- 하나님의 은총이 눈에 보이는 도움이 될 수 있도록
기도해 준 아내 레슬리, 래첼, 다니엘, 마크, 해너 그리고 쌔라 -
또 여기 링컨시의 "뉴 라이프 크리스천 펠로우십"에서
함께 하는 하나님의 가족들에게 바친다.

내가 있사오니 나를 쓰시옵소서.

다른 사람들은 그렇지 않더라도 나는 주를 섬기겠나이다.

(Chris A. Bowater)

차례

The Believer's
Guide to Worship

제 1 부　예배를 마음으로 준비하는 백성
A Prepared and Willing People

제 2 부　리더십
Leadership

서 문
Introduction

가르치는 것이 여러 해동안 내 인생의 한 부분으로 자리잡았기 때문에 습관에 따라 일하려는 유혹을 느끼는 것이 나의 현실이다. 많은 교회에서의 집회는 물론, 신학대학 학생들이나 총회와 세미나 대표들의 기대에 찬 얼굴을 보게 되면 일상적으로 자신있던 대화의 솜씨를 재검토하지 않을 수 없다.

예수 그리스도의 생애와 가르치심 속에서 우리는 그분이 역사 하시는 대화의 거장(the Master Communicator at work)이심을 알게 된다.

말씀의 정보 (Information)

입으로 하는 말과 펜으로 쓰는 글, 몸짓 또는 표정 등에는 정보를 전달하는 능력이 있다. 말 속에는 속박을 풀어 주거나 용기를 주거나 또 파괴하거나 멸망케 하는 능력이 있다. 그러나, 영적인 일들에 관해서는 말만으로는 충분치가 못하다. 말이 감명을 주고 교훈을 주기는 하나 말보다 필요한 것은 생활 양식의 변화이다. 무수한 말로 많은 진리를 전할 수는 있다. 그러나 사람들이 진실한 삶을 위해 무장하고 그들의 생활이 변화해야, 우리가 전하는 말과 진리가 의미가 있는 것이다. 단순히 진리를 안다는 것만으로는 학술적인 의미에 그치고 만다.

'진리를 알지니 진리가 너희를 자유케 하리라' (요한복음 8 : 32)

예수 그리스도는 자신의 존재와 하나님, 그리고 자신의 죽음에 관하여 가르치셨다. 예수님의 많은 진리의 말씀에도 불구하고 그것을 듣는 사람들이 그 교훈을 두뇌의 지식으로만 받아들였기 때문에 계속적으로 어두움 속에 머물러 있지 않으면 안되었다. 우리를 자유케 하는 것은 마음속에서 진리를 깨닫는 것이다. 그 진리의 중심은 주 예수 그리스도의 본체에 있으며 또 예수님을 배우는 것에 있다. 그리스도와 더불어 진실되고, 살아 있으며, 필요 불가결한 친교를 맺는 것이야말로 우리가 자유함 속에서 걸을 수 있는 길이다.

이 책은 두뇌에 정보를 채워 주기 위해 쓴 것도 아니며 학술적 논문으로 쓴 것도 아니다. 하나님 말씀 하나 하나가 독자의 마음 깊은 곳에 스며들어 생명력이 되길 바란다.

듣기만 하고 실행되지 않는 진리는 우리들의 갈등과 죄의식만 더해 줄 뿐이다. 진리의 말씀을 행동으로 옮길 때 우리는 자유로이 걸을 수 있게 된다.

너희들의 수많은 말 속에
나는 어디 있느냐, 어디 있느냐
주님이 물으시네 너희들 수많은 말 속에
나는 어디 있느냐고.
너희 말이 나를 미혹케 하면
너희 행동이 나를 기쁘게 하지 못할지니
너희들의 수많은 말 속에
나는 어디 있느냐
(C. A. Bowater, 1987)

이 말씀을 기억하자. '너희가 나를 사랑하면 나의 계명을 지키리라' (요한복음 14 : 15).

형 성 (Formation)

어린이는 듣는 정보의 양만큼 배우고 발전하는 것이 아니라 어떤 '틀' 속에서 형성되는 과정을 통해서 배우고 발전하는 것이다. 우리들 부모가 평소에 또는 스트레스(stress)가 많은 상황에서 어떻게 행동하고 반응하는가는 물론, 가정과 친구, 격려와 훈련 등의 모든 환경이 어린이의 현재와 미래의 생활양식(lifestyle)에 영향을 미치게 된다. 모범을 보이는 것이 말보다 훨씬 설득력이 있는 것이다. 어른들의 모범이야말로 훈계하는 것보다 더 강력한 효력이 있다.

예수님의 '··· 내게 배우라' 라는 말씀은 '내 말을 듣거라' 라는 말씀보다 더 의미가 크며, 이 말씀은 즉 '내가 하는 대로 하라' 는 말씀이었던 것이다. 예수님은 말씀과 모범으로 가르치셨다. 예수님은 백성들의 종이셨다. 예수님은 백성에게 말씀하신 것 이상을 실행하셨다. 예수님은 자신을 나누어 주셨다. 예수님은 아무것도 숨기지 않으시고 오해 받으시며 온순하시기를 꺼리지 않으셨다.

이 책에서 나는 나의 마음 즉, 나의 이상과 생각뿐만 아니라 내 자신을 함께 나누고자 노력할 것이다. 나는 무엇보다도 아름다운 것 바로 의로움이 독자들 마음속에 형성되기를 바란다.

나 눔(Impartation)

나는 나눔의 힘을 점점 민감하게 느껴가고 있다. '내게 있는 것을 네게 주노니' 이 사도행전 36장의 말씀이 나에게는 경외스럽게 느껴진다. 베드로의 이 말은 예수님에 대한 통찰력과 예수님에 대한 깊은 사랑과, 그의 성령에 대한 새로운 체험을 함께 반영하는 것이다. 두려움과 부족함, 패배감과 환멸이 능력과 담대함으로 변했다. 그는 예수님을 깨달았고 성령으로부터 힘을 얻었으며 성령에 대하여 확신이 있었다.

우리는 말과 행동으로 우리들 속에 존재하는 성령을 나누어야 한다. '내게 있는 것을 네게 주노니'의 정신으로 패배감과 메마름, 괴로움과 무력감을 해소할 수 있다.

빛과 생명, 의로움과 축복, 그리스도의 향기도 여러분에게 나뉘어 전달되기를 예수님의 이름으로 기도한다.

크리스 A. 보와터(Chris A. Bowater)

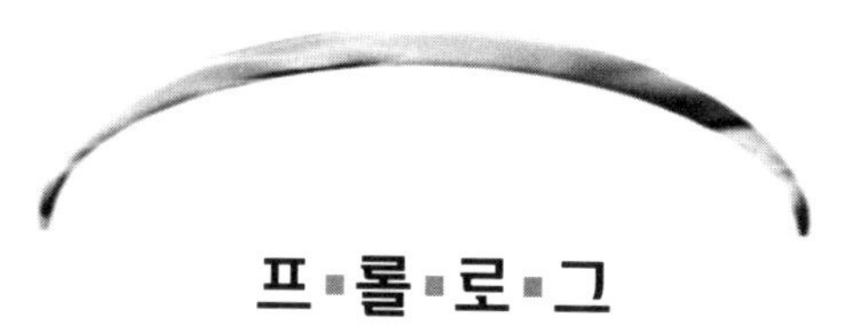

프 ▪ 롤 ▪ 로 ▪ 그
Prologue

'만군의 여호와께서 말씀하시되 이는 힘으로 되지 아니하며 능으로 되지 아니하고 오직 나의 신으로 되느리라' (스가랴 4 : 6).

방법론(methodology)은 나를 겁에 질리게 한다. 사람이나 그 활동을 인정한다는 표시(labels)만 붙으면 사람들은 별안간 올바른 용어를 안다는 것만으로 전문가가 되버린다.

회복(restoration)이니 사도(apostle)니 단체 사역(body ministry)이니 하는 어휘들을 머리에 떠올려 쉽게 말하곤 한다. 그런 표시라는 것이 진리를 대변하는 것은 결코 아니다. 우리 고장 링컨(Lincoln)의 한 젊은 교우가 대화를 하면서 서양 배 통조림을 캔오프너로 조심스럽게 땄다. 상표(label)는 그 내용물이 잘 익고 국물이 많은 오스트렐리아산 배임을 표시하고 있었는데 뚜껑을 열고 접시에 내용물을 쏟아 보니 그것은 콩 통조림이었다. 나의 군침은 갑자기 배반당한 느낌이었다.

우리는 얼마나 용어에 사로잡혀 있는가. 우리는 교회 생활에서 모든 것에 꼬리표를 달고 있다. 하나님은 장로니, 집사니, 성가대장이니, 예배 사회자니 하는 등의 표징을 꼽아 주는 일에는 관심이 없으시다. 우리의 안위(security)는 우리가 달고 있는 표징에 있는 것이 아니라 우리의 됨됨이에 있다. 하나님의 관심은 사람에 있는 것이지 방법에 있는 것이 아니며, 백성에 관심이 있는 것이지 직위(posts)에 있는 것이 아니다.

예배에 관해서도 모든 것을 교리에 맞추고자 함으로써 계율적 함정(legalistic trap)에 빠지고 만다.

내가 어렸을 때 '나는 ··· 을 정탐(spy)했다' 라는 일련의 책자를 수집했었는데, 자동차가 또는 기차가 어째서 어떻다는 것을 정탐했다던가, 도시에서 또 시골에서 무엇이 어떻다는 것을 정탐했다던가 하는 것들이다. 많은 사람들이 찬송과 예배에 관하여 '정탐했다'는 정신 상태에 빠져 있다. 만일 은사주의적 찬송과 예배에 관해 무엇을 정탐한다면 어떨까? 자, 신자들이 두 손을 드는 것을 정탐했다는 것에 2점을 주고, 손뼉을 치는 것을 정탐해서 3점을, 최근의 유명한 성가대를 정탐해서 4점을, 춤추는 것을 정탐해서 5점, 방언 찬송을 정탐해서 10점을 준다고 상상한다면 어떨까? 하나님은 예배 방식에는 별 관심이 없으시다.

하나님은 '예배하는 자(worshippers)' 를 찾고 계신다. 하나님은 그에게 향하는 마음을 갖고 그의 인도함에 따르는 삶을 살고 그의 목소리에 민감한 귀를 가진 백성을 찾고 계신다. 하나님은 하나님 자신과 좋은 친교를 맺고자 시간을 드리는 어린양들을 찾고 계신다.

하나님은 많이 아는 자(knowers)가 아닌 행하는 자(doers)를 구하고 계신다. 그것은 요한복음 14장 15절에서 예수님이 '너희가 나를 사랑하면 나의 계명을 지키리라' 라고 하신 바로 그 말씀과 같다. 사랑을 행동으로 실천하는 것(outworking)은 그것을 이해하는 것(understanding)보다 더 중요하다.

편견은 항상 파괴적이다. 그것은 하나님과의 친교를 파괴시키며 성령의 살아 있는 흐름 (the life-flow of the Spirit of God)을 차단하는 역할을 한다. 인간의 하잘것없는 상상력으로 하나님의 크기를 가늠할 수 없다. 우리가 인간사를 행하는 방식으로 하나님을 제약 해서는 안된다.

이 책은 교본이 아니다. 만물 창조의 하나님을 창조적으로 경배하는데 도움이 되는 자극제로서 이 책을 바치고자 한다. 이 책은 두 개의 중요한 관점에 기초해서 썼는데, 그 하나는 은사주의적 예배의 위험이요 다른 하나는 예배를 함에 있어 '흐름(flowing)'의 본질이다.

은사주의적 예배의 네 가지 위험
(Four dangers in charismatic worship)

1. 단지 분위기에 이끌리는 예배(Response to an atmosph- ere) 존속을 위한 형식(externals for existence)에 얽매인 예배는 결코 진정한 예배일 수 없다.

형식을 제외한 후에 남는 것이 진실한 예배(true worship)이다 (Graham Kendrick, Worship).

2. 교회를 연출하려는 사고방식('Play church' mentality) 운영 계획을 메꾸어 가는 듯한 태도 즉, 준비된 '양식(form)' 은 많으나 '능 (power)' 이 없다.

3. 예배를 숭배하는 것(Worshipping worship)

하나님을 담지 못한 최근작 노래에 빠져 있는 것.

4. 허구(Unreality)

가면을 벗어 던지고 진솔하게 되지 못하는 것.

예배는 가식(pretence)을 태워 버리는 역할도 한다.

예배 속에서의 '함께 흐름(flowing together)'의 세 가지 본질
(Three essentials four 'flowing together' in worship)

I. 몸(the body)의 역할

교회는 사람 즉, 연합하여 동거(시편 133편)하면서 하나님이 주신 비전(visions)을 가지고 살 준비가 되어 있는 사람들을 위한 것이다. 하나님은 비협력적이고 항거하는 사람을 통해서는 역사하실 수 없다.

2. 눈(the eyes)의 역할

하나님의 뜻과 계획에 맞추어진 방향 감각 즉, 비전이 있는 지도자의 역할(leadership)을 말한다.

3. 다리(the legs)의 역할

언약궤를 나르는 제사장들처럼 생활과 마음속에서 하나님을 뚜렷이 불러 모시는 기악가와 성악가들처럼 비전을 전달하는 사람들이다.

예배를 마음으로 준비하는 백성

A Prepared and Willing People

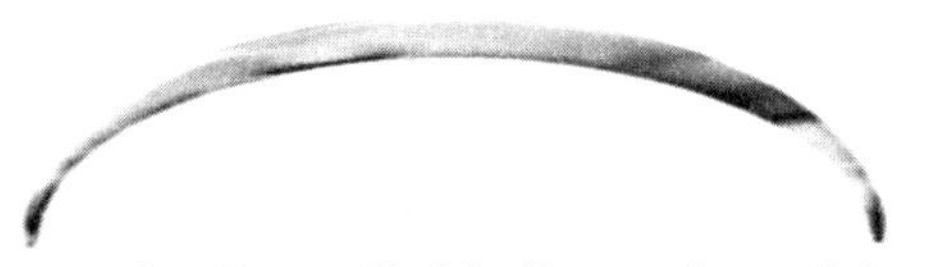

1. 우리는 왜 함께 모이는가?
We are gathering together - why?

당신은 왜 왔습니까?
무엇 때문에 여기 왔습니까?
매주일마다 오는 버릇 때문입니까?
당신은 노래를 듣고 또 노래를 합니다.
단지 노래를 따라 하는 것이 당신은 즐겁습니다.
하지만 노래를 배우고 나면
당신은 가버립니다.
(*C. A. Bowater*, 1982)

참으로 어리석은 질문 아닌가? 우리가 모이는 이유는 분명하다. 결국 모이는 것은 그 이유가 분명하다. 집회에 참석하는 이유를 말할 때 머뭇거리고 우물쭈물하고 진부한 표현으로 자신 없는 설명을 하는데, 과연 왜, 주일마다 몇 시간씩 모이는 것일까?

습   관 (Habit)

내가 어렸을 때 주일마다 세 번, 어떤 때는 네 번이나 교회에 갔었는데 그것은 선의의 입력이 되어 있었기 때문이다. 그렇게 만들어졌던 것을 원망하는 것은 아니다. 우리 아버지께서는 군대식으로 정확히 가족을 조직하려고 하셨으며 아직도 그렇게 하실 생각을 가지고 계실 것이다. 시간에 맞추어 우리의 행동과 밥먹는 것을 통제하셨다. 어렸을 때는 천방지축 넘어지기도 하고 물웅덩이에 빠지는 등 어려웠지만, 주일이 되면 정장을 하고 일찍 교회에 도착하여 정해진 좌석으로 가 앉았었다. 철모르는 시절에도 주일마다 같은 자리를 차지하고 있을 때 무의식 속에서 편안한 영토 의식을 느끼고 있었던 것 같다. 교회의 가족석 개념을 우습다고 생각하기 전에 우리들의 습관을 돌아볼 필요가 있다.

예배는 미리 정해진 대로 진행되는데 그리 빠르지 못해서 모든 사람이 다음에 누가 일어서서 기도를 하며 또 무엇을 기도할 것인가를 짐작할 수 있을 정도였다. 나는 개구쟁이여서 그런 공중 기도에 응답하여 '아멘', '할렐루야', '주님을 찬양합니다', '형제님 지당한 말씀입니다' 등등으로 기분을 돋구고 점수를 주곤 하였다. 나는 구경꾼이였었다.

예배가 끝나고 나면 서둘러 집에 가고, 서둘러서 저녁을 먹고, 교회로 다시 달려가 같은 일을 반복하였는데, 어려움이 있었다면 소화 불량에 시달린 것이었다. 이런 습관 속에서 나는 신앙의 자유에 관해 의식했고 나는 그런 예배속 어디에 자유가 있는가?라고 자문하기도 했다. 오해 없기 바란다. 거기에는 내가 가장 감사하는 규율의 주입이 있었다. 지금은 내가 내 가족에게 통제적 방법을 가하지 않으면 안된다.

얼마나 많은 기독교인의 경험과 태도가 한낱 습관으로 구축되는가가 문제인 것이다. 내가 알고 있는 어떤 교회는 집회 시간을 11시에서 10시 30분으로 옮기고 나서 신도의 절반을 잃었다. 그들은 일상 생활이 도전당하여 그런 변화를 감당할 수가 없었다. 교회의 정기 총회(Annual General Meeting)가 예배의 구조적 변경 제안(즉, 성찬 축복을 언제 할 것인가, 또는 수요 예배를 몇 시에 열어야 할 것인가 등)에 반대하는 회원때문에 불평 총회(Annual Grouse

Meeting)로 전락하여 산회하는 경우에 관해 자주 듣는다(전통적으로 주일 오후 예배가 오후 6시 30분으로 고정되었던 것은 농부들이 우유를 짜는 시간을 주기 위한 것이었다).

대부분의 우리들 과거의 생활은 능(power)이 결여된 신앙의 형식에 근거하고 있었다. 사람들은 여러 예배의 의식과 행사에서 성령이 떠날 것이라고 말하고 있다. 그리고 그런 말이 들어맞고 있다.

우리는 누가복음 2 : 41~50에서 마리아와 요셉이 매년 유월절에 예루살렘을 방문하는 이야기를 읽는다. 예수께서 열두 살 때에 '전례를 좇아' 부모와 함께 가셨다. 집으로 돌아가는 중에 마리아와 요셉은 아이 예수가 동행하는 줄로 알고 하루를 여행했다. 그러나 예수는 그들과 동행한 것이 아니고 예루살렘에 그냥 머물러 그의 천국의 아버지 대신 일을 보고 있었다. 그들은 예수를 기도의 집에서 잃어버렸던 것이다.

하나님은 그의 백성이 바라는 곳에서 그의 교회를 짓고 계시다는 것을 알지 못한 채 얼마나 많은 교회가 아직도 그가 동행하고 계신 것으로 착각하고 하루, 일주일, 몇 달, 아니 몇 년을 여행하고 있는가?

습관적인 정신으로는 교회가 신도를 교회에 출석시킬 수 없을 뿐만 아니라 신도의 예배 태도와 신도가 무엇을 하나님으로부터 기대해야 하는가에 대하여 지도할 수가 없다.

성령은 생명을 주는 영이시며 우리들이 함께 모이는 것은 그것이 대회 중의 모임이건 가정 모임이건 간에 하나님으로부터 오는, 바로 그 생명을 증거 하기 위한 것이다. 예수님은 정말로 '그 (백성) 가운데에' 계시며, 그 뜻을 펴실 수 있도록 하는 그러한 백성 의 모임 가운데에 계신 것이다.

분위기 (The atmosphere)

당신은 어째서 여기 있습니까?
무엇 때문에 여기 왔습니까?

얼마 전에, 좋게 말해서 충동적으로 교회에 나오는(그러나 그런 사실을 집회에서는 알아차리기가 어려운) 한 여인과 이야기를 나누었다. 그녀는 흥분해서 '교회에 올 적마다 분위기를 좋아해요. 항상 흠뻑 울거든요' 라고 말했다. 그녀를 울릴 만한 그럴싸한 몇 가지 이유를 생각할 수 있다. 그것이 회개의 눈물인가, 기쁨의 눈물인가, 하나님 안에서의 행복감인가? 그렇지가 않다. 그녀는 틀림없이 결혼식에서, 장례식에서, 생일잔치에서, 꽃 전시회에서 그리고 사운드 오브 뮤직 같은 영화를 보고 울 것이다. 하나님을 마음속 깊이 느낀 결과가 아니거나 변화를 가져오지 않는 눈물은 기껏해야 자기 중심적인 것이다.

탐색적인 질문을 던져 답을 구해 보자. 얼마나 많은 찬송과 예배가 단지 감정적 분위기때문에 행해지는 것일까? 이렇게 질문하는 필자를 이상하게 생각하지 말기 바란다. 나는 결코 감정이 찬송과 예배와 관계가 없다고 말하려는 것이 아니다. 하나님의 선하심에 대하여 충심으로 감사함을 표시하는 것은 틀림없이 감정과 관련이 있다. 그러나 내가 말하려는 핵심은 만일 하나님에 대한 감사와 찬미의 표현 방법을 우리가 무슨 노래를 부를 것이냐와 무슨 악기로 연주할 것이냐와 얼마나 열심히 할 것이냐로 결정한다면 그렇게 결정된 표현은 최고가 아닌 2류라는 것이다.

하나님이 그러한 표현을 열납하시도록 하기 위해서는 우리의 찬송이나 예배가 조장된 분위기에 휩쓸려서가 아니고 마음의 교제 (heart relationship)에서 우러나와야 한다는 것이다. 주변적인 것이 모두 제거된 후에 남는 것이 여호와 앞의 순수한 찬송과 예배인 것이다.

이른바 해방 예배(liberated worship)는 신체적 표현에 많은 시간과 정력을 바쳐 왔는데, 손뼉치기, 두 팔 올리기, 춤추기, 뛰기, 무릎 꿇기, 굽혀 절하기 등이 그에 속한다. 나는 내가 명백히 성서적 원칙 (scriptural principles)이라고 정의하는 것들을 변호하기 위하여 몇 쪽을 할애할 생각은 없다. 그러나, 기독교적 집회의 분위기를 떠나, 우리가 '하나님 앞에 함께 모일' 때에 일어나는 바로 그 특별한 영적 동기에서 벗어나, 은밀한 장소인 조용한 가정에서도 과연 자유로이 춤을 추고 절하고 무릎 꿇을 것인가? 우리가 공적인 장소에서 하나님 앞에 서긴 하지만 우리 생활과 신앙은 우리가 개인적 장소에서 하나님에게 어떻게 하는가에 따라 평가된다. 우리의 개인적 봉헌이 진솔하지 못하면 많은 사람 앞에서 과시해도 아무런 보상을 받지 못한다.

파도같은 열의에 휩싸이기는 쉬우나 그래도 우리 마음과 우리 생활에는 전혀 축복을 찾아볼 수 없다는 것을 경고하고 싶다. 하나님이 진정 움직이고 계신 곳에 우리가 가게 되는 경우는 있으나, 그래도 우리 생활은 그 곳과 멀리 떨어져 있다는 것이다. 최근에 목사님들과 교회 지도자들이 참석한 회의에서 어느 작지만 발전하는 목회의 잘생긴 젊은 목사가 나에게 접근해 왔다. 그를 위해 기도한 결과 하나님은 그에게 정곡을 찔러 시련하시었다. 수개월 동안 그는 이중 생활을 했다고 털어놓았다. 하나는 남편과 아버지 그리고 정열적인 목사로서의 생활이고, 다른 하나는 퇴폐 문학에 대한 열정에 사로잡힌 생활이었다.

그는 분명히 축복 속에 있었으나 개인적으로 메마르고 공허하며 하나님과 불화 관계에 있었다.

동작을 보이면서 행하고
직분을 연출하여 보이는구나
겉은 아주 훌륭한데
마음이 황량하구나

말은 아직 그렇게 쉽게 나오고
올바르게 들리는데
겉껍질 밑에선 그러나
여호와의 제단이 무너지네
(*C. A. Bowater*, 1984)

그리고, 습관도 아니고 분위기도 아니고 한 주간의 사회생활 극치
도 아니라면 우리가 매주일 함께 모이는 기본적 소망과 동기는 무엇
이란 말인가? 그것은 여호와께서 그 영광 속에서 현재 하는 증거를
깨닫고 바라보는 것이어야 한다! 흔히 우리의 판단 기준은 활동
(activity)이다. 프로그램으로 채우는 일들, 즉 찬송가(hymns)와 코러
스(chorus), 증거의 말씀과 나눔의 시간, 특별 행사들과 광고들, 성령
의 은사의 나타남 · · · 마치 끝없는 영국 황실의장대 사열 같기도
하다. 이런 생각이 떠오른다. 즉, 주실 수 있는 것을 나누어 주시고자
예수님이 우리 교회에 들어오시려 하고 문에 서 계신데(요한계시록
3 : 20), 우리는 그분의 접근을 허락지 않고 말참견도 허락지 않고
있다는 상상을 해보는 것도 의미가 있을 것이다. 우리는 '주님의 길
을 가시도록 하겠나이다' 라고 노래하고, 여호와께서는 '그럴 기회
가 있으면 좋겠구나' 라고 응답하신다.
　　때로는 우리가 감히 하나님이 말씀하시도록 하려면, 시간표나 계
획들을 비켜 놓아야 한다. 역대하 5 : 13~14에 여호와의 영광이 여
호와의 전을 채웠을 때 예배하고자 준비한 제사장들이 그 섬김을 중

단하였음을 적고 있다. 이런 광경을 상상할 수 있겠는가? 모든 준비가 끝이 나 있었다. 여호와의 전이 준비되었고, 합창단은 노래연습을 마쳤고, 나팔은 닦아서 광이 나고, 제금과 칠현금과 비파 등 모든 악기가 준비되었고, 장엄한 개막을 위한 설교도 몇 달 동안 고생하여 준비되었고, 누군가 '여호와는 선하시도다 자비함이 영원히 있도다' 라고 노래함으로 예배가 시작되었다. 그들의 일치된 감사의 소리는 울려 퍼졌고 여호와께서 그들의 찬양 가운데 계셨다. 여호와께서 그들과 동참하셨고, 여호와의 영광이 전을 가득 채웠다.

그러나 이것을 깨우쳐야 한다. 즉, 여호와께서 그 백성의 모임에 정말 참여하실 때 여가수의 독창이라던가, 청년부 행사와 광고 따위는 잊어버려야 한다. 왕이 하셔야 할 일은 왕이 하셔야 한다. 여호와께서 백성들 가운데 지고의 권능으로 움직이시고 구원과 치유와 회복을 가져다주실 것이다. 이것이 백성들 가운데 계시는 하나님이시다!

주여, 저희들에게
그러한 마음과 그런 찬양의 방법을 가르치시어
그 가운데 주님이 보좌에 오르시길 바라옵나이다.

2. 예배의 마음
A heart for worship

'하나님이여 사슴이 시냇물을 찾기에 갈급함같이 내 영혼이 주를 찾기에
갈급하나이다 내 영혼이 하나님 곧 생존하시는 하나님을 갈망하나니 내
가 어느 때에 나아가서 하나님을 뵈올꼬'(시편 42 : 1~2)

하나님을 알고 만나고자 하는 소망, 이것이 성령이 충만한 하나
님에 대한 예배로 들어 가는 열쇠이다. 하나님께서 임재하신 가운
데 서고자 하는 소망이 없으면 예배는 열매 없는 체험이 되고 만다.
기대하는 것도 없고 하나님의 임재를 실감하지 못하는 예배는 열
매를 맺지 못한다.

신령과 진정으로 하나님을 예배할 때에 우리는 하나님으로부터
받게 된다. 그러나 그가 하나님이시기에 예배한다는 것이 항상 그
동기가 되어야 한다. 예배는 하나님을 위한 것이다. 예배는 자기 중
심의 욕망을 충족시키기 위해서나, 자신을 기분 좋게 하기 위해서
나, 어떤 이득을 얻기 위해서 하는 것이 아니다. 예배는 하나님을
위한 것이며, 하나님은 예배를 받으시기에 합당하신 분이다.

그럼에도 불구하고 하나님은 '주는 것이 받는 것 보다 더 좋다' 는
말씀에 순종하시고 충실하시며 우리는 하나님으로부터 받은 것 보
다 더 많은 것을 드리는 것이 불가능하므로, 하나님은 백성의 찬송
중에 거하시는 것이다. 하나님은 구경꾼으로서 오시는 것 이 아니라

은사를 가지고 오시는 것이다.

우리 또한 예배하라는 부름을 받았기 때문에 예배하는 것이다. 우리는 제사장의 왕국 되기를 부름 받고 택함 받았다. 이것이 사람이 받을 수 있는 최고의 소명인 것이다. 이 불리움은 일에 묻히는 것이 아닌 '여호와의 영광을 위해 따로 마련된 거룩한 나라 여호와의 전의 제사장'이 되는 것이다.

축복 받음이 하나님을 섬기는 이유가 아닐지라도, 그렇다고 예배함으로써 우리가 하나님으로부터 받는다는 것을 부정하는 것은 아니다.

예배의 가장 중요한 열매는 하나님의 임재이다. 이것이 예배의 핵심인 것이다.

하나님의 임재 (The presence of God)

하나님은 항상 임재해 계신다. 영원의 존재라는 성격때문에 어디에나 계신다. '여호와의 눈은 어디서든지 악인과 선인을 감찰하시느니라' (잠언 15 : 3). '내가 주의 신을 떠나 어디로 가며 주의 앞에서 어디로 피하리까 내가 하늘에 올라갈지라도 거기 계시며 음부에 내 자리를 펼지라도 거기 계시니이다' (시편 139 : 7~8).

어디에나 계시는 여호와 하나님은 자기를 구체적으로 보이시고 알리시므로 어떤 곳에든지 나타나신다. 그 장소가 모세에게는 떨기나무 불꽃 가운데이고, 야곱에게는 몸소 씨름하심으로 나타나셨고, 사도 바울에게는 밝은 광채와 목소리를 들려주신 곳이다. 어디에나 계시는 하나님은 나타나시고 그것을 증거 하기를 즐거워하신다. 그의 백성을 만나기를 열망하시고 특히 찬송의 분위기를 좋아하신다. '이스라엘의 찬송 중에 거하시는 주여 주는 거룩하시나이다' (시편 22 : 3).

'이스라엘의 찬송 중에 보좌에 오르신(enthroned) 주여 · · ·' (NASB)라는 번역도 있다.

성경에 하나님의 임재의 증거가 '영광' 으로 표현되기도 한다.

나팔부는 자와 노래하는 자가
일제히 소리를 발하여 여호와를 찬송하며 감사하는데
나팔 불고 제금 치고 모든 악기를 울리며 소리를 높여
여호와를 찬송하여 가로되 선하시도다
그 자비하심이 영원히 있도다 하매
그때에 여호와의 전에 구름이 가득한지라
제사장이 그 구름으로 인하여 능히 서서 섬기지 못하였으니
이는 여호와의 영광이 하나님의 전에 가득함이였더라
(역대하 5 : 13~14).

제사장이 성소에서 나올 때에 구름이 여호와의 전에 가득함에
제사장이 그 구름으로 인하여 능히 서서 섬기지 못하였으니
이는 여호와의 영광이 여호와의 전에 가득함이 였더라
그 때에 솔로몬이 가로되
여호와께서 캄캄한데 계시겠다 말씀하였사오나
내가 참으로 주를 위하여 계실 전을 건축하였사오니
주께서 영원히 거하실 처소로소이다(열왕기상 8 : 10~13).

하나님이 임재하신 현실을 상상해 보라. 그것이 얼마나 구체적이고 현실적인가. 하나님이 나타나지 않으신다면 우리들의 예배는 한낱 '숭배 행사(acts of worship)' 에 지나지 않으며, 무익하여 기껏해야 외관상의 종교적 탐닉(superficial religious indulgence)에 지나지 않는다.

'성경 말씀은 하나님이 예배의 명을 내리시고 그의 백성들이 그것을 받들 때 하나님은 시각적으로 그 영광을 증거하셨다는 것을 보여주고 있다' 라고 잭 헤이포드(Jack Hayford)는 말하고 있다.

마리아와 요셉에 관해서 '(소년 예수가) 동행 중에 있는 줄로 생각하고 하룻길을 간 후···' 라고 누가복음 3 : 44에 쓰여 있다.

우리는 여기서 개인이나 교회가 여호와 하나님이 동반하신다고 생각하고 얼마나 많은 날과 주일과 달과 해를 여행했나를 생각해 볼 만하다. 많은 회중과 훌륭한 설교와 뛰어난 음악가나 집회의 성공이 하나님의 임재를 의미하거나 보장하는 것은 아니다. 하나님이 응답하시도록 작용하는 것은 예배 형식이 전통적(traditional)인가, 또는 진보적(radical)인가의 문제가 아니고 사람의 마음인 것이다.

약식(informality)적인 예배라 할지라도 성찬식(liturgy)을 대체할 수 있으며, 회원이 만든 노래(songs of fellowship)가 찬송가(hymns)를 대신할 수 있다(이미 찬송가집(hymn-book)이 머리 위에 설치된 영사 장치 때문에 밀려난 상태이다). 다시 말하지만 예배하는 사람의 마음이 문제이다. 하나님은 아직도 '너희는 옷을 찢지 말고 마음을 찢어라' (요엘 2 : 13) 라고 말씀하신다.

흔히 표면적인 것에 많이 몰두해 있기 때문에 진실의 문제가 무시당하고 있다. 오늘날 교회가 갖추어야 할 것들이 아주 많이 있다. 그런 것들 때문에 최우선의 것 즉, 생명을 나누어주시는 하나님의 임재(the life-imparting presence of God)를 희생시키지 말자. 은혜를 입어 그 임재하심이 일어난다 하더라도 우리는 안심하거나 만족할 것이 아니라 더욱 더 그것을 갈구해야 할 것이다.

다윗은 여호와 하나님을 위하는 마음을 가진 자였다. 하나님에 대한 사랑이 힘의 원천이자 자기 생명을 사랑하는 주요 동기였다. 다윗은 하나님에게 바치는 일을 위해서만이 아니고 자기 자신을 위해 하나님을 사랑했다. 그는 하나님의 선하심을 만끽했고 하나님을 직접 체험했다. 그는 여호와 안에서 기뻐하였으며 열심히 더 많은 것을 원했다. 그리고 다윗의 으뜸 소망은 '여호와의 아름다움을 앙망하는 것' (시편 27 : 4)이었다.

다윗은 하나님의 영광으로 휩싸여진 사람이었다. 하나님을 위한 그의 큰마음과 하나님의 임재가 그에게는 가장 큰 힘이었다. '내가 여호와를 항상 내 앞에 모심이여 그가 내 우편에 계시므로 내가 요동치 아니하리로다' (시편 16 : 8). 그는 마음속 깊이 다음과 같이 부르짖었다. '나를 주 앞에서 쫓아내지 마시며 주의 성신을 내게서 거두지 마소서' (시편 51 : 11).

증 명 (The evidence)

모인다는 것은 누구와 실제로 만난다는 것을 뜻한다고 해도 좋다. 항상 우리의 소망이 살아 계신 하나님과의 만남이 되도록 해야 한다. 하나님의 임재하심은 항상 증명될 것이다. 다음과 같은 검증법을 알아두자.

구원(Salvation)

하나님은 죄인을 구하기 위하여 임재하신다. 교회는 찬송하는 가운데 태어났다. 오순절에 새로이 능력을 받은 제자들이 하나님의 영광을 알리고 예수님의 복음을 전파하니 하루에 수 천의 사람이 교회에 더해졌다.

건지심(Deliverance)

찬송 가운데 하나님을 공경하는 백성에게는 건지심의 손길이 뻗칠 것이다. 여호와의 예언의 말씀에 순종한 여호사밧(역대하 20장)은 노래하는 자가 '주님의 거룩하심의 영광' 을 노래할 때에 적이 패배하는 것을 보았다. 바울과 실라(사도행전 16장)가 옥 속에 갇혀 있을 때 주를 찬송하였고, 주님이 찬송에 응답하여 땅이 흔들리며 옥문과 사슬이 끊어졌다. 예배는 악의 책략과 힘을 무력케 한다.

치유(Healing)

'병을 고치는 주의 능력이 예수와 함께 하더라'(누가복음 5 : 17).
여호와의 임재하심은 병고침을 주신다. 백성의 열린 마음에서 예배
가 우러날 때 그 가운데서 훌륭한 의사이신 여호와께서 개심 수술
을 베푸신다. 하나님이 임재하신 곳에서 만사가 변하게 마련이다.

기쁨(Joy)

'주 앞에는 기쁨이 충만하고 주의 우편에는 영원한 즐거움이 있
나이다'(시편 16 : 11).
'··· 주의 앞에서 기쁘고 즐겁게 하시나이다'(시편 21 : 6).
교회도 기쁨의 세례가 필요하다. 북해 유전의 착유기 같이 복잡하
게 지하로 깊이 들어가는 것도, 표면적인 것도, 진실하지 못한 손뼉
치기 기쁨도 아닌, 우리를 강하게 만들고 지켜 주는 진실한 기쁨의
세례가 필요하다. 즉, 여호와의 기쁨이 우리의 힘인 것이다.

우리의 변화(We are changed)

이것이 하나님 안에서의 중요한 원칙이다. 즉, 우리가 하나님을 볼
수 있다면 우리는 하나님처럼 된다. 바로 이것이 아무도 하나님의
온전한 영광을 쳐다볼 수 없는 이유이다. 만일 우리가 떳떳치 못한
처지에서 여호와의 온전한 영광을 본다면 우리의 몸은 '초밀 같이
녹을' 것이고 우리는 죽을 것이다. 그러나 영과 진실로써 예배할 줄
알게 되면 좀 더 그리스도처럼 되는 길을 알게 될 것이다. 우리는 오
랜 시간을 다른 사람과 같이 있게 되면 서로 조금씩 닮아 간다.
마찬가지로 우리가 여호와 하나님과 시간을 보냄에 따라 주를 닮
아 가게 된다. 이것이 하나님이 의도하고 계신 것이라는 것은 유익
한 소식이다. 하나님이 임재하신 중에 시간을 보내는 비밀과 충족감
을 아는 사람이 없기 때문에 예수 그리스도를 닮은 기독교인이 주
변에 없다. 하나님은 가난하지도 않으시며 아프지도 않으시며 의기소

침하지도 않으시며 문제를 풀 능력이 없는 것도 아니시다. 우리가 하나님을 닮는다면 우리도 주님의 건강과 기쁨과 긍휼하심과 부와 능력을 받을 수 있다. 모세가 여호와의 영광을 뒷모습만 보았지만 (출애굽기 33~34장) 그의 얼굴을 가려야만 했다. 우리는 출애굽기 34 : 29~33에서 모세의 얼굴이 광채로 빛났음을 볼 수 있다. 히브리어로는 그의 얼굴에서 빛줄기(beams of light)가 비추었다고 되어 있다.

바울의 말대로 '가리워진 빛이 영광스러웠다면, 그대로 있는 빛은 훨씬 더 영광스럽다'. 다시 말하면, 모세가 여호와 하나님의 영광을 볼 수 있었기 때문에 얼굴이 광채가 났다면 (그러나 모세는 얼굴을 가리고 여호와의 계율을 받았고, 그리스도 안에는 영광이 충만하여 있으니) 그리스도를 아는 우리들은 하나님의 임재하심 가운데 들어 갈 수 있는 능력이 훨씬 더 있어야 한다. 그러므로 '그의 영광을 보아야 한다' 그리고 그를 위해 빛을 발하여야 한다.

우리는 이제 일 년에 한 번만 얼굴을 가리고서가 아니라 벗은 얼굴로 자유롭게 주님이 계신 곳에 들어가 예배할 수 있다. '여호와의 영광을 거울 속에서 보고··· 그리고 여호와의 신령으로 말미암더라도 (어느 수준의) 영광과 (다른 수준의) 영광 사이에서··· 같은 형상으로 변한다.' 예배는 우리를 변화시키며 우리가 섬기는 하나님처럼 되게 하는 것이다(닮아가는 것이다).

훌륭한 선생이나 목사나 부흥사나 예언자나 전도사나 사업가나 주부가 되기를 원한다면, 하나님께 예배하는 법을 배우고 하나님처럼 되어야 한다. 온 정성을 다해서 구하면 하나님을 찾을 것이고 하나님처럼 될 것이다.

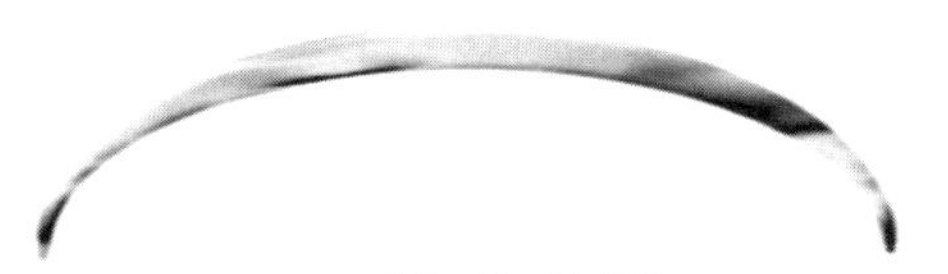

3. 함께 흐름
Flowing together

단어의 사용에는 항상 근본적 문제가 있게 마련이다. 사람들은 어떤 어휘가 실제 전달하고자 하는 의미 대신에 자기가 생각하는 대로 이해하고자 하는 경향이 있다.

많은 사람이 시험에 실패하는 이유는 문제가 요구하는 정답이 자기가 생각한 것과 같다고 판단하여 답하기 때문이다. 이런 경우 곰곰이 생각하면 처음엔 착안해 내지 못했던 중요한 의미를 발견하게 된다.

'예배하는 가운데 흐름 (flowing in worship)' 이라는 표현이 우연히도 오늘날 'in(안에, 가운데)' 을 쓰는 은사주의적 표현의 하나가 되었다. 이런 표현의 예는 'Are you in the flow, brother? (형제는 오늘 (은혜) 넘침을 받았습니까?' 또는 'It really flowed this morning.(오늘 아침은 정말 (은혜) 넘침을 받았다)' 등이다.

함께 흐름이란 무엇인가?(What is flowing together?)

'함께 흐른다' 는 것은 과연 무엇인가? 그 의미는 모든 이에게 같을 수가 없다. 우리는 진리의 말씀을 말하거나 노래로 부르지만 예배 중에 '함께 흐르는' 것은 아니다.

한 친구가 있는데 그 사람이 돈이 궁색해졌다고 말할 때는 그는 어디엔가 저축한 돈 중에서 얼마간 인출해야겠다는 것을 암시하며,

궁색한 상태라 하더라도 남아 있는 그의 저축이 2,000파운드나 된다는 것을 말하며, 나의 경우 궁색하다는 것은 혹시 잊어버리고 둔 돈이라도 있나 해서 옷장 속의 주머니란 주머니는 모두 뒤지게 되는 상태를 뜻한다. '궁색'이라는 단어는 같으나 그 뜻은 아주 다르다.

'함께 흐름'도 모든 이에게 같은 의미일 수가 없다.

오늘날 예배하는 중에 손뼉을 친다던가 춤을 춘다던가 껑충껑충 뛴다던가 손을 치켜 든다던가 하는 등의 신체적 표현에 역점을 두는데 그럴 만한 이유는 있다.

히브리어에서 '높이 찬양'한다는 말은 '테힐라하(tehillah)'이다. '테힐라하' 찬양으로 하나님이 그 안에서 거하심과 보좌에 오르심을 뜻한다. 이 찬양은 전쟁과 승리의 힘찬 찬양이며(역대하 20 : 22), 그것은 그 격에 알맞고 어울리고 마땅한 찬송이며(시편 33 : 1), 그것은 또 하나님이 그 영광을 증거하시고 백성이 두려움을 갖게 하는 찬양의 경지이다 (출애굽기 15 : 11). 이런 찬양은 온후하고 느긋한 찬양이 아니다. 히브리어에서 찬송과 연관지어 가장 자주 쓰는 말은 '할랄(hallal)'이다. '할랄'은 '빛나고' '자랑하고' '경축하고 칭송한다'는 말로서 '요란하게 바보처럼 찬송하다'라는 뜻도 있다. 이런 것들은 거칠고 힘차게 그린 유화를 연상케 한다.

나는 화려하고 도량이 크신 하나님이라면 '테힐라하'와 '할랄'의 찬양을 바라시고 또 그런 찬양을 받아 마땅하시다고 믿는다. 하지만 모든 찬양을 신체적 표현을 소화하여 적용하고 있다고 생각하는 교회가 그렇게 한다는 이유만으로 반드시 모두가 '함께 흐르는' 것은 아니다.

흐른다(flow)는 것은 성경에 여러 번 되풀이 하여 나오는 '젖과 꿀이 흐르는 땅'에서 보면 젖과 꿀은 풍성하지 못하면 흐를 수 없다. 즉, 흐른다는 것은 막힘이 없고 유연하며, 모자라지 않고 풍성하며, 산에서 흘러내리는 물처럼 항상 정결하고 신선함을 말하는 것이다.

'함께 흐른다'는 것은 '함께 앙망'하는 것이다. '그때에 네가 보고 함께 흐르며···' (이사야 60 : 5).

무엇을 볼 것인가?(What do you see?)

그리스도의 무엇을 보는가에 따라 주께 기도하는 방법이 정해진
다. 베들레헴의 말구유 안의 아기 예수를 보는가, 남부럽지 않은 생
활을 한 예수님을 보는가, 예수님에 대한 영상이 십자가에서 그치는
가, 혹은 텅 빈 무덤까지인가 등의 우리가 보는 것에 따라 예배의 방
향이 정해질 것이다. 계시록에서 요한은 '보았다' 는 말을 되풀이 하
는데 하나님의 보좌는 공개되지 않은 계시의 중심이 된다. 하나님은
우리가 그 보좌와, 그가 왕이심과 그의 왕국을 깨닫고 그를 앙망하
고 높이 모시기를 바라고 계신 것이다. 바로 그 깨달음이 있은 후에
나 우리는 예수님의 존재를 차츰 인정할 줄 알게 되고 예수님을 섬
기게 될 것이다. '흐른다' 는 것은 '보는 것' 과 관련이 있다.

어떻게 볼 것인가?(How do we see?)

'보다(vision)' 의 정도는 신체적인 시력에 의한 것이 아니다. 마음
으로 보는 것이다. 우리가 말 뿐 아니고 실천에서 사랑하는 가운데
하나가 되고 목적에서 하나가 되어 마음이 '하나될' 때에야 비로소
'우리가 함께 흐른다' 고 말할 수 있게 된다. 한 교회의 회중이 이와
같이 마음을 서로 맡길 수 있는 경지에 도달할 때에 우리의 합심 기
도(corporate prayer)가 '흐르기' 시작할 것이다.
이 귀중한 노래(시편 133편)에 담겨진 '흐름' 의 뜻을 느껴 보자.

형제가 연합하여(하나되어) 동거함이 어찌 그리 선하고 아름다운고,
머리에 있는 보배로운 기름이 수염 곧 아론의 수염에 흘러서
그 옷깃까지 내림 같고, 헐몬의 이슬이 시온의 산들에 내림 같도다
거기서 여호와께서 복을 명하셨나니 곧 영생이로다.

마음의 차원에서의 연합(하나됨)이 '영생' 으로 이어지는 '함께 흐름' 을 창조하는 것이다.

서로의 관계 (Relationship)

여호와가 세우지 아니하시면
우리의 수고가 헛되고, 여호와가 우리를 연합하지 않으시면
우리는 갈라져 있어야만 하리, 갈라진 것은
홀로 설 수 없음이로다.
그 계명을 어찌 의로우신
하나님이 모르신다 하리?

문제는 다른 사람이 던지고
답할 자는 나인지도 모른다.
진실 되고자 하는 사람들에게
서로의 친교가 가능하리.
그리고 형제간의 진실은
마음의 태도이라.
우리는 누구와도 어느 곳 어느 때에든
시작하자고 주장한다.

그러면 막고 서 있는 장벽은
그것이 상상이건 사실이건
하나 하나 헐어 버리고, 근심과 걱정
싸움터에서 입은 상처는
주님께 맡겨 고침 받고, 모든 것을 거두어 가시게 하여
거룩한 아들에게 영광 돌리세.

실제로 그리고 권능으로 우리 가운데
사랑이 충만케 하소서.
우리가 사는 시간들은
주님이 정하셨도다.
화합 속에 축복이 있고
하나됨에 힘이 있도다.
여호와의 성령이 애쓰시니
깨어나라 주님 가실까 두렵다.
(*C. A. Bowater*, 1985)

연합하여(또는 하나되어) 함께 사는 것은 선하고 즐거운 것이나,
그것이 쉬운 일은 아니지 않는가?

'하나님의 후사요 그리스도와 함께 한 후사' 임을 마음껏 노래하
고 손에 손을 잡고 모두가 한 가족이고 모두가 하나됨을 선언한다.
진리를 노래하는 것은 쉬울지 모르나, 그것이 현실화되기 위해서는
회개가 있어야 한다. 명확한 깨달음이 행동과 표현 이전에 있어야
한다.

찬송과 예배는 하나의 생활 양식인 것이다. 만일 내가 아내나 아
들, 딸이나 부모나 교회의 동료들과 언짢은 관계에 있으면서 감사
기도를 한다면 하나님이 그것을 받아들이지 않으신다. 하나님은 그
기도를 듣지도 받지도 않으실 것이다. '···먼저 가서 형제와 화
목하고 그 후에 와서 예물을 드리라'(마태복음 5 : 24).

우리 기독교인들이 얼마나 자주 다른 사람에게 악한 감정과 증오
심을 품고, 가장 신성한 축제인 성찬식상 앞에 나오는가를 자문해
본다. 하나님 앞에서 먼저 자신의 마음을 살피지 않고(고린도전서
11 : 18), '주의 몸을 분별치 못하고' 빵을 먹고 포도주를 마신다 (고
린도전서 11 : 29). 많은 사람과 교회들이 '약하고 병들고' 졸리워서

때이른 죽음에 이르는 것이 그리 이상한 일은 아니다(고린도전서 11 : 30).

얼마 전에 잉글랜드 북쪽의 한 교회에서 주중 예배를 인도하고 있었는데 70명 정도가 모인 것을 보고 안심했다. 찬송과 예배 시간은 자유스러운 분위기였던 것 같았다. 그런 분위기 때문에 사람들을 나무랄 수는 없었다. 나는 시편 133편을 놓고 설교를 시작했다. 말이 잘 풀려 나왔고 기분도 흥분되어 있었다. 설교를 해 본 사람이면 거의가 미리 연구해 놓은 항로를 따라 순항하는 것 같은 기분을 알 것이다. 그때에 갑자기 하나님이 개입하셨다. 나의 설교가 아직도 청산유수처럼 흘러나오고 있는데 하나님이 말을 걸기 시작하셨다. '오늘 나는 네가 이 사람들에게 전하라고 특별한 것을 가지고 왔노라' 라고 하나님이 말씀하셨다.

나의 설명은 기름이 아론의 수염으로 흘러내릴 즈음까지 갔는데, 하나님께 마음속으로 물었다.

'오, 주여, 네? 뭐라고 하셨습니까?

'저들에게 세습적 악습에 대해 설교하라.'

'만일 제가 그 뜻을 안다면 그렇게 하겠습니다.' 라고 동의했다. 벌써 기름은 아론의 옷으로 흘러내리고 있었다.

하나님은 참을성 있게 설명해 주셨다. 세습적 악습이란 헐몬산의 이슬로 지금 대홍수를 맡고 있는 회중 속의 몇 명의 생명에 역점을 두시는 그것이었다. 그들은 부모로부터 행실을 물려받고 부지 중에 불만의 웅성거림에 한 몫 들고 있었다. 그들은 오래 전에 저녁상 앞에서 그리고 소위 신참 교인 시절에 단계적으로 믿음과 존경심을 잃어 갔으며 그들의 생각은 색안경을 쓰게 되었다. 이제는 남의 원한을 살 정도의 가해자가 되어 있었다.

지루해 하는 나의 회중에게 시온산에 내린 이슬에 대해 설명하기도 전에 하나님이 독촉하셨다.

'당장 저들에게 말하라.'

'하나님, 축복을 내리시고 영생의 길은 어떻습니까?

'네가 입다물지 않으면 축복은 없느니라. 당장 저들에게 말하라.'
하나님은 가끔 퉁명스러우시다.

설교할 힘이 별안간 빠져 가는 것을 느꼈다. 그러나 하나님의 의
도는 분명해졌다. 나는 하나님이 나에게 말씀하신 것을 부드럽게 그
들에게 들려주었다. 나는 하나님이 말씀하심은 그분이 세습적 악습
의 굴레에서 여러분을 건지려 하심이라고 말해 주었다. 약식으로 제
단 앞에 그들을 부른바 열다섯 명이 대부분은 젊은데 어떤이는 울면
서 하나님 앞에 회개하며 섰다.

하나님 앞에서의 우리의 실상은 어떤 점에서는 우리가 서로간에
어떤 관계에 있는가에 따라 다르다. 하나님이 보시는 견지에서는 행
위가 말보다 비중이 더 크다. 그러나 우리의 행위는 실생활에서 하
나님에 대한 인식을 부인하는 수가 있다(디도서 1 : 16).

나는 항상 남의 이야기에 귀를 잘 기울이는 사람이다. 나의 어린
시절 우리집은 찾아오는 목사님들 선교사님들과 같은 분들에게 항
상 환대의 장소였다. 아버지는 나를 후미진 방으로 쫓아 보내는 것
이 아니라 항상 한 길채에 조용히 앉아 있도록 하시면서 '애야, 듣고
배워라' 라고 하시는 것이 우리 아버지의 엄하면서 선의에 찬 훈계
였다.

어쨋든 나는 기차나 엘리베이터나 어떤 곳에서든지 사람이 모이
는 곳이면 남의 대화를 엿듣지 않으면 못 배겼다. 호기심에서가 아
니고 사람에 대한 깊은 관심에서 나온 버릇이었다. 그런데 사람들은
말하면서 자신들에 관해 많은 것을 노출시킨다. 들으면서 지방 사투
리나 교육 수준이나 사회적 신분까지도 식별할 수 있는가 하면, 더
우기 그 사람의 정신에 관해 많은 것을 알 수 있다.

나는 기독교인이 대화하는 것을 듣고 근심하고 괴로워한 적이 자주 있었다. 성경에는 서로서로 격려하고 다른 사람의 믿음을 세워 주는데 동참해야 한다고 쓰여 있다. 그럼에도 우리는 주님의 종이라고 주장하는 사람들 사이에 경멸적이고 불친절한 언사를 쓰는 것을 얼마나 자주 보는가. 빈정댐은 확신을 파괴한다. 빈정거리는 유머는 더욱 해롭기 일쑤다. 몇 분만에 같은 입으로 공중 기도와 찬송에서 일류임을 자처한다. '한 입으로 찬송과 저주가 나는도다 내 형제들아 이것이 마땅치 아니하니라'(야고보서 3 : 10).

나의 찬송은 생활화된 찬송에서 나오는 것이다. 어두운 연못은 불을 켜면 되지만 어두운 영은 그렇게 간단하지가 않다. 나와 내 아내와 아이들과의 관계는 하나님과 나와의 관계에 근본이 되는 것이다. 나의 예배가 깨끗한 마음과 의로운 정신에서 나오는 것이 아니면 아무리 열성적이고 호화롭다 해도 하나님이 그것을 거부하고 받아들이지 않으신다는 것을 깨닫는 것은 하나님을 두려워할 때 가능한 생각이다.

정결한 마음으로 주를 찬송하리이다
순수한 마음으로 주를 영광되게 하리이다
나의 의로운 정신으로
주의 이름을 높이오리이다.
(C. A. Bowater, 1984)

(인간) 관계를 정립하자. 서로의 관계에 문제가 있다면 그 책임은 우리 자신에게 있다.

우리 대부분은 일이 잘못된 후에야 잘못된 것을 안다. 해결을 위해 시간을 두고 왈가왈부할 필요가 없다. 흔히 '미안하다' '용서하라' 는 말로 쉽게 풀릴 수 있다. 경우에 따라서는 깊이 생각해야 하는데, 마음이 굳음은 죄의 징후이므로 회개가 필요하다. '행동으로 사랑' 하는 백성이 되자. 그래야만 손을 들고 큰소리로 '주를 사랑합니다' 라고 찬송할 수 있다.

시편 133편을 상기하자. 그 정도의 우애 즉 관계라야 하나님의 백성 속에서 살 수 있고 '하나님이 명하여 복을 내리실' 것이다. 얼마나 위대한 재가인가! 어쩌면 당신이 당신의 교회에 사랑의 확산을 촉발하는 장본인이 될지도 모른다.

아버지께서 우리가 하나되게 하여
세상이 그 아들을 볼 수 있게 하시네.
우리를 통하여 순결한
사랑의 물줄기를 부으소서.
아버지 하나님 우리가 하나되게 하소서.
(*C.A. Bowater*, 1982)

예배를 마음으로 준비하는 백성

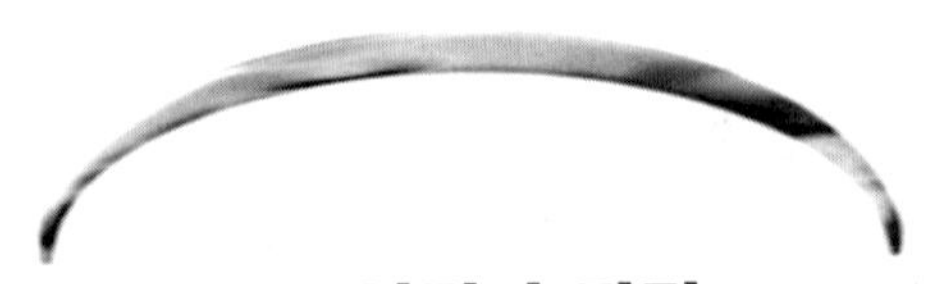

4. 신령과 진정
Spirit and truth

하나님이 존재하시기 때문에 예배가 있다.

하나님은 영이시므로 영적인 사람으로부터 영적인 예배를 바라신다. 어떤 의미로는 예수님은 예배에 관한 의논과 논쟁의 필요성을 제거하셨다.

예수님은 이렇게 말씀하셨다. 즉, '하나님은 영이시니 예배하는 자가 신령과 진정으로 예배할지니라' (요한복음 4 : 24). 선택이 없어진 셈이다. 돈이나 포부나, 권력과 직위나, 어떤 다른 것이라도 우리가 숭배하는 것은 선택할 수 있으나, 아버지 하나님이 헌신과 흠모와 숭배의 대상일 때에는 하나님을 섬기는 법을 선택할 수 없다. 우리는 하나님이 바라는 대로 예배해야 한다. 더우기 하나님은 바로 그렇게 신령과 진정으로 예배하는 자를 찾고 계신다(요한복음 4 : 23).

그러면 어떻게 하는 것이 신령과 진정으로 예배하는 것인가? 그것은 장소와 전통에 관련된 것이 아니다. 사마리아의 여자가 보통 사람이 아닌 예수를 '선지자' 로 알아보고, 비록 계시의 일부분에 지나지 않았으나 곧바로 예배에 관하여 사마리아인과 유대인 사 이의 논쟁을 끄집어냈다. '우리 조상들은 이 산에서 · · · 당신들은 · · · 예루살렘이라 하더이다' (요한복음 4 : 20).

그리스도의 본체(the person of Christ)에 관하여 논의할 때도 사람들은 자신의 전통적 입장을 내세우는 것을 볼 수 있다. '예수님을 어떻게 생각합니까?' 라는 질문에 서둘러 방벽을 치면서 하는 답변의 예를 들어보면, '우리는 계속해서 침례 교인으로 살아 왔습니다' 혹은 '우린 영국 교회의 방법을 좋아합니다' 등이다. 신령과 진정의 예배는 건물과는 아무 상관이 없다. 그럼에도 우리는 사람들이 놀랍게도 얼마나 건물 지향적인지를 자주 보게 된다.

나는 어느 가정 예배에서 어떤 사람이 '교회에서 하는 것 같지가 않다' 라고 말하는 것을 들었다. 그러나 우리가 바로 교회인 것이며, 하나님이 사람으로 교회를 만드시는 것이다. 물론 거기에는 필요하면서 또 어떤 것은 아름다운 것들, 즉 의자들과 피아노와 올갠과 스테인드 글라스로 장식된 유리창도, 심지어는 찬송가집(hymn-books)이나 높이 걸린 영사 장치 등은 없다. 당신과 나는 단지 같은 교회의 성도로서뿐만 아니라 예수 님이 주인이신 기적의 '사람, 다리, 배(limb-ship)' 로 함께 엮어져 그리스도의 몸된 교회 (the body of Christ)가 되는 것이다. 하나님은 모든 교인이 서로서로 영광스러운 사랑의 화합 속에서 예수님의 몸에서 나오는 '흐르는 예배(a flow of worship)' 를 바라시는 것이 다. 요즘, 아니 어쩌면 항상 그랬듯이 '전과 같지가 않아' 라고 한탄하는 소리를 듣는다.

무엇이 그렇지 않다는 것인가? 하나님이? 하나님이 변했단 말인가? 아마 사람이 변했는지 모른다. 하나님께 예배하기 위하여 예전처럼 부지런하지도 않고 열의도 없고 결의도 없는지도 모른다. 어쩌면 하나님과의 친교가 전과 같지 않을지도 모른다. '아버지께 참으로 예배하는 자들은 신령과 진정으로 예배할 때가 오나니 · · ·' (요한복음 4 : 23).

진정으로 예배하는 자들은 하나님과 친교를 실현하는 가운데 사는 사람들이다. 그 관계 란 '지금의 관계 (a now relationship)' 를 말한다. 나는 아버지이신 하나님 속에서, 든든하지만 결코 거기서 안주해서는 안된다.

예전에 나의 세쌍둥이 중 하나인 해너가 첫 돌이 가까웠을 때 불행히도 교통사고로 다리 한 쪽에 골절상을 입었다. 그날 나는 잉글랜드 북쪽 꽤 먼 곳에 있는 한 교구에서 설교를 하고자 여행을 떠나려던 참이었다. 나의 아내는 비통해 했고 다른 아이들도 물론 고통스러워했으며 나는 끔찍한 난관에 봉착해 있었다. 그 모임을 취소해야 할지 나와 함께 여행하는 팀에 연락해서 어떻게 해야 할지‥‥ 나의 무감각한 머리는 여러 가지 가능한 해결법과 그 대안들로 꽉 차있었다. 오랜 시간 이런 저런 궁리를 했으나 아무 결정도 못했다. 바로 그런 것이 진퇴유곡(進退維谷)인 듯 했다. 나의 아내와 딸 레슬리가 마침내 '가셔야 되요' 라고 주장함으로써 방향 제시를 해 주었다.

영적인 분별력이 있는 인생의 동반자를 주신데 대해 하나님께 겸허하고 심심한 감사를 느끼며 1번 도로를 타고 북쪽으로 달렸다. 그날 저녁은 정녕 하나님이 그 교구에 말씀 하셨는지 많은 사람이 주님의 뜻을 깊이 깨닫게 되었다. 나는 자동차를 속도 제한에 제한 받은 게 아니라 낡은 자동차의 성능에 제한 받으며 밤새 몰아 집에 왔다. 선약을 한 지라 링컨에 도착하는 즉시 아침 이른 시간에 곧바로 병원으로 갔다. 부지 중 이상할 정도로 정적감을 느끼며 병동을 들어섰다. 나의 발자국 소리는 평온함을 깨뜨렸다. 나는 해너의 간이병상을 보았고 어린것의 다리는 높이 들려 추를 매달고 있었다. 그녀는 깨어 있었으나 내가 가까이 가는 것을 보지 못했다. 그녀의 옆에 무릎을 꿇었을 때 하나님은 나에게 현실로 다가오셨다. 나는 들어갈 때와 마찬가지로 살며시 나오려는 참이었는데 해너가 고개를 돌려 나를 보았다. 마치 누가 불을 켠 듯‥‥ 그녀는 미소지었고 ‥‥ 환히 빛났고‥‥ 나는 눈물을 흘렸다. 해너의 목소리는 만한살이 채 안되었는데도 'alto-profundo(여성의 최저음)' 범주의 소리를 냈으나, '아빠' 라고 부르는 소리가 내가 들었던 말 중 가장 달콤하면서 선율적이었다. 그녀가 아는 말이 몇 마디 안되었지만 그때는 언어가 의사 소통의 핵심일 수 없었다. 그 미소가 알아본다는 표시이다. 그때 거기서 하나님이 나의 가슴에 진주와 같은 노래를 내려 주셨다.

아바 아버지, 아바 아버지, 내 영혼이 당신을 기뻐합니다.
아바 아버지, 아바 아버지, 내 영혼이 당신을 기뻐합니다.
할렐루야 내 마음이 찬송케 합니다.
왕이신 하나님이 영으로 낳으시고 피로 사신 자식이니까요.
아바 아버지, 아바 아버지, 내 영혼이 당신을 기뻐합니다.

예배는 현재 진행되는 하나님과의 친교(intimate relation- ship with God)에서 분출되어야 한다.

당신이 지난번에 '아버지 하나님, 저는 당신을 사랑합니다. 당신을 흠모하며 예배드립니다' 라고 속삭여 기도했을 때, 성령이 빛을 내셨던 그때가 언제였는가? 예수님의 베다니 방문에 관해 생각해 보자(요한복음 12장). 나사로와 마리아와 마르다의 집은 매우 친절하고 조용한 안식처였다. 예수님은 이 착한 사람들을 사랑했고, 이들도 예수님을 사랑했다. 예수님이 이번에 방문했을 때 마르다는 평소와 마찬가지로 저녁을 준비하고 대접하느라고 바빴다. 하지만 마리아는 가능한 한 가장 훌륭한 경배를 드렸다. 그녀는 새로 짠 향기로운 나드 기름을 예수님의 발에 부었다. 그녀에게는 이것이 엿새 전에 죽은 자 가운데서 오빠 나사로를 살리신 예수님에게 사랑과 고마움을 표현할 수 있는 가장 확실한 길이었다. 예배는 서로의 관계와 사랑과 감사함에서 나온다.

나드 기름은 말할 것도 없이 비쌌었다. 비쌌기 때문에 마리아는 아마도 많은 비난을 가룟 유다로부터 받아야만 했을 것이다. 예배에도 필요한 것이 있다. 확실히 집중력이라는 댓가가 필요하다.

예배라는 단어의 희랍어 어원이 proskuneo라는 동사인데 그 뜻이 '~를 향해 키스하다' 라는 것을 알았을 때 완전히 새로운 이해의 세계가 나에게 열렸던 것이다. 그 단어는 본격적인 숭배의 행위를 의미한다. 성경에서 예배(worship)는 허리를 굽혀 절하거나 엎드려 절하는 광경으로 자주 묘사되어 있다.

입맞춤은 집중력을 요한다. 부끄러운 이야기지만 나는 어린 나이에 이것을 알았는데 그 당시에는 그것이 부담이 되었었다. 열세 살 때 여자 친구를 처음 사귀었는데, 학교가 끝나고 나서 나는 그녀와 공원을 걸어서 버스 정류장으로 갔다. 그때 일어난 일이었다.

더운 여름 저녁쯤이었다. 작별 키스를···나의 첫 사랑··· 나의 첫 번 키스를 할 작정을 했다. 상상 속에서 키스를 수천 번 연습했다. 상상이나마 매번 우아하고 정교하고 능숙하게 키스를 했는데, 현실과 꿈이 그렇게 거리가 멀 수가 없었다. 영화에서 보고 배운 것이지만 눈을 감은 것이 잘못이었다. 나는 겨냥하고 입술을 내밀고 몸을 기울였는데 그만 빗나가고 말았다. 그녀가 움직였기 때문이다. 나는 극심한 창피감으로 어쩔줄 몰랐다. 입맞춤은 집중력이 필요한 것이다.

여호와 하나님은 얼마나 자주 우리의 관심을 절반 정도만 받아들이고 계시는 것일까? 만일 내가 (영국)여왕 폐하를 알현토록 초청을 받고 알현실로 안내 받는다면, 나는 절대로 커튼이나 카페트의 색깔과 품질과 꽃이나 장식품 등에 전혀 개의치 않을 것이라고 장담할 수 있다. 나의 눈은 황송하게도 나를 그 옥좌 앞으로 초청해 주신 여왕만 바라볼 것이다. 참된 예배는 하나님의 보좌를 모시는 것이다. '위대한 하나님', '예수님, 보좌에 오르소서', '왕 중의 왕이신 하나님' 과 같은 찬송가가 우리 입에서 술술 나오지만 우리의 생각은 백성의 찬송 가운데 보좌에 오르신 하나님에게보다는 잡다한 것들에 가 있다. 우리는 주변적인 일에 몰두해 있다. 예배의 수단인 찬송가 까지도 방해가 된다.

예배를 위한 예배, 새로운 찬송가들, 분위기 같은 것들의 위험이 현실로 나타난다. 우리는 보좌에 계신 여호와를 보고 다만 그분에게 만 집중해야 한다.

이와 연결된 것이 우리의 의지의 투자이다. 찬송과 예배는 우리의 감정과 무관하다. 우리 감정을 포함해서 우리의 의지는 순종해야만 한다. 좋든 싫든 우리는 여호와를 찬송해야 한다. 그러나 많은 사람 이 감정에 지배당한다. 하나님께 존귀와 영광을 드리는 자세를 최우 선으로 하고 감정이란 것은 이차적인 것이 되어야 한다. 세례요한은 이것을 다른 표현으로 말하였으나 의미는 같다. 즉, '그는 흥하여야 하겠고 나는 쇠하여야 하겠다'(요한복음 3 : 30). 여호와 하나님은 우리의 예배와 찬송을 바라시며 또 받아 마땅하시다. 그가 하나님이 시고 우리는 그의 백성이므로 우리는 그를 찬양한다(시편 95 : 6~7), 왜냐하면 그분은 존귀하고, 위대하고 왕이시기 때문이다(시편 47 : 6~7). 여호와 하나님께 감사를 드리는 것은 선한 일이다(시편 92 : 1~4).

우리는 하나님을 찬양할 때 이렇게 말한다. '베푸셨고, 베푸시고, 베풀어주실 모든 것에 대하여 하나님께 감사합니다.' 만물에 역사 하시는 가운데 하나님의 위대함과 은혜를 확인하고 감사한다. 그것 은 마치 남편과 아내가 서로를 위하여 하는 모든 일에 서로 감사하 는 것과 흡사하다.

하나님께 예배할 때 우리는 '하나님이 (있는 그대로의) 하나님이 심을 감사합니다' 라고 기도한다. 남편과 아내의 관계는 '당신이 나 를 위해 했고, 하고, 할 모든 것에 감사해요' 라는 찬사에 바탕을 둔 것이 아니라 그보다는 '당신이 있는 그대로의 당신임을 감사 해요' 라는 데에 바탕을 둔 것이다. 이렇게 말할 정도가 되기 위해서는 부부가 서로를 알아야 한다. 우리가 하나님을 참으로 예배하고 사랑하기 위해서는, 하나님이 베푸신 것 때문에 하나님을 사랑하는 찬양의 수준을 떠나, 우리가 하나님을 아는 경지로 들어가야 하는 것이다.

5. 예배의 사실성
Reality in worship

복음 전도의 뜻 모를 말들은 복음을 진실로 전파시킴에 있어 아마도 가장 파괴적 역할을 해왔다. 우리 머리는 사전 지식이 없고 봉헌적이지 못하고 전반적으로 흥미가 없는 사람에게 전혀 해당되지도 않는 어법의 문장으로 가득 차 있다. 그러나 그렇게 소중히 간직한 믿음의 명세서들은 흔히 진실(truth)을 가장한 허구(fiction)이다. 우리가 말하는 것이 사실이 아니라는 것이 아니라, 우리가 경험한 진실을 바탕으로 하지 않았다는 것이다. 나는 사실적임(being real)에 관하여 이야기하는 것이다.

하나님은 최소한 우리가 그 앞에 사실적으로 서기를 원하신다. 예배를 진정으로 한다는 것은 실제적 하나님 그대로를 인식하고 우리 그대로를 인정하는 데에 달려 있다.

나는 우리가 기도회에서 얼마나 많이 하나님께 '주여 주님을 증거 하시고 주님과 주님의 능력을 보여 주십시오' 라고 부르짖었는지 모르겠다. 우수하고 칭찬할만한 기도이다. 그러나 하나님이 우리의 말에 대해 역공을 하신다면 어떻게 될까? 하나님이 능력을 증거하실 때 그것을 감당할 수 있겠는가? 하나님은 은혜로우시고 자비로우시며, 오래 참으시고 친절하시다. 또한 하나님은 진정 모든 일에서 성스럽고 의로우시다. 하나님의 노여움과 진노는 그의 아름다운 성품처럼 합당하시다. 우리는 그분의 어느 단면을 보지 않으려고 장

미빛 색안경을 쓰고 하나님 앞에 서서는 안된다.

나의 아들, 딸들은 내가 그들을 사랑한다는 것을 안다. 나는 자주 사랑한다고 그들에게 말한다. 나는 그들이 재미있게 노는 것과 그런 활동에 기쁨을 느끼므로 그들의 어린 변덕을 항상 참아 준다. 그들은 또한 내가 그들의 거짓말과 속임수와 서로 괴롭히는 것을 싫어한다는 것을 안다. 나는 그들을 사랑하기 때문에 그런 짓을 하면 잠자코 넘기지 않고 꾸짖고 고쳐 주며 경우에 따라서는 벌도 준다. 그들은 나를 알아 간다.

내가 하나님을 알면 알수록 내 자신에 관해 더 많이 알게 된다. 나의 하나님과의 관계 는 자기 기만 위에 세워질 수 없고 또 그래서는 안된다.

성경에서 가장 정직한 기도의 하나는 '주여 이 죄인을 긍휼히 여기소서' 라고 부르짖는 자의 기도일 것이다.

아마도 우리 교역자가 가장 정직하고 합당하게 할 수 있는 기도는 '주여 이 성도(saint)를 불쌍히 여기소서' 라고 하는 것일 것이다. 아직 용서받지 못하고 가망이 없고 영적으로 눈멀고 귀먹었을 때 하나님의 자비가 필요하다면, 그리고 하나님의 은총을 받고 성 령으로 거듭난(reborn) 경험이 있다면, 우리는 얼마나 더 하나님의 자비가 필요할까? 우리가 집안의 다른 가족에 관하여 어떻게 이야기하는가를 스스로 알면서, 생활 속에서 주님의 뜻 앞에 우리의 실제적인 헌신의 수준을 알면서, 우리가 그 말씀과 기도를 통해 우리를 인도하시도록 하나님께 얼마나 많은 시간을 할애하는가를 스스로 알면서, 그리고 영적으로 우리가 갈 길에서 마치 아무런 문제가 없는 것처럼 자신있게 희희낙락하며 다람쥐 쳇바퀴 돌듯 하는 것을 스스로 알면서 말이다. 우리는 정말 부르짖어 자비를 구해야 한다.

우리가 무엇을 언제 말해야 하는지 알면서도 복음 전도의 뜻모를 언어의 함정(evangelical jargon trap)에 빠져 들 수 있는 것과 같이, 우리가 '성령 안에 있음(to be in the Spirit)' 을 실현시키기 위하여 무엇을 말하고 해야 하는지 알면서도 예배 지향적이란 뜻모를 말(worship-oriented jargon) 속으로 또한 표류할 수가 있다. 이해할 수 없는 표현 위의 경험이란 이내 고통스러운 공허와 허탈감과 환멸만을 가져다준다. 나는 실제성(reality)을 주장하는 것이다. ‘··· 진정으로 예배하라’

나의 목표는 기쁨도 평강도 아닌 하나님 그 자체입니다 축복 또한 아니며 나의 하나님 그 자체입니다.

(F. Brook)

우리가 하나님을 알기 위해서는 하나님이 임재하신 가운데 시간을 보내야 한다. 시간의 투자가 필요하다.

많은 기독교인들이 찬송에서 예배로 옮겨가려 하지 않는다. 왜냐하면 하나님에 대한 자신들의 사랑을 표현하는데 시간을 보내기를 좋아하기 때문이다. 하나님을 예배하려면 하나님과의 관계 외에는 아무것도 필요없는 생활양식으로 변경하지 않으면 안된다.

많은 사람들이 끊임없이 ‘감사합니다’ 라고 말하는 범위에만 머무르려고 하고 ‘하나님을 사랑합니다’ 라고 하는 교제(intimacy)로 들어가지 않으려고 한다. 그 이유는 단지 진정한 사랑을 표현한다는 것은 잘못된 생활방식과 태도를 버리는 것을 의미하기 때문이다.

예수님께서는 요한복음 14 : 15에 ‘너희가 나를 사랑하면 나의 계명을 지키리라’ 라고 하셨다.

우리는 ‘예배의 제사(sacrifice of worship)’ 라는 말을 들어본 적이 없다. 그것은 제물(sacrifice)과 관련 없기 때문이다. 우리는 하나님을 알 수 있는 위치에 있으므로 그 하나님에게 예배하는 것은 당연한 이치이다. 시편 기자는 우리는 ‘감사함으로 그 문에 들어 가며 찬송함으로 그 궁정에 들어가야’ 한다고 말하고 있다(시편 100 : 4). 우리가 문과 궁정을 지나서 성소 즉 하나님에게까지 친근한 곳으로 갈 수 있을 때 예배가 있는 것이다. 그러나 우리는 감사 기도라는 문과 찬송이라는 궁정을 통하지 않고는 성소에 들어 갈 수 없다. 남편과 아내가 서로 익숙히 알게 되듯이 예배 생활에도 역시 익숙해야 한다. 그것은 저절로 이루어지는 것이 아니다. 우리는 단지 하나님에 관해 아는 것에 그치지 않고 하나님을 이해하기 위하여 헌신적으로 노력하는 사람, 즉 예배하는 자가 되어야 한다.

여기에 역시 실질적으로 우리의 감정(emotions)의 투자가 있어야 한다. 한 나라의 백성으로서 우리는 감정에 인색한 듯한데, 이것이 교회 안에서의 행위에 많은 영향을 주고 있다. 시편 기자는 말한다. '내가 전심으로 여호와께 감사합니다' (시편 9 : 1), 그리고 또 '할렐루야, 내가 · · · 전심으로 여호와께 감사하리로다' (시편 111 : 1).

더 나아가, 여호와를 기뻐하라(시편 37 : 4)하고, 주를 기뻐하고 즐거워하며(시편 9 : 2), 즐거워 외친다(시편 32 : 11)라고 쓰고 있다. 웃고 소리치고 설교하고 부르짖고 불러대고 노래하는 것은 다윗이 영을 쏟아 부어 진심으로 찬송하는 행위를 대변하는 몇 가지일 뿐이다. 손뼉치고, 손을 들어올리고, 일어서고, 절하고, 춤추고, 무릎 꿇고, 걷고, 묵상하는 것은 말할 것도 없다. 오직 여호와 하나님을 거룩케 함을 소망하는 마음의 표현은 여러가지가 있을 수 있다. 마음을 다하는 예배의 태도는 인간적인 방어의 마지막 보루 즉 감정(emotions)을 바치는 것을 함축적으로 의미한다.

사람들이 어떻게 생각할까 두려워서 우리가 실제로 느끼는 것을 표현하지 않으려는 것이 과연 자부심일까? 예배는 단지 하나님에게만 향해야 한다. '사람을 두려워하는 자는 올무에 걸리게 되려니와 · · ·' (잠언 29 : 25) 진리 속에서 사는 사람은 항상 자유롭다(요한복음 8 : 32).

오래 전 내 아우 앤토니가 성령으로 세례 받기를 소망했던 때가 눈에 선하다. 그의 타고난 성격이 감정 관련 부분에서 극단적으로 방어적이다. 그는 감정을 표현하는데 몹시 곤혹해 했는데 무엇보다도 자기 감정을 남에게 노출시키는 것을 꺼려 했기 때문이었다.

그는 합리적인 사람으로서 모든 일을 추론과 논리를 바탕으로 처리했다. 마침내 그는 성령의 내재하시는 능력(indwelling power)과 임재하심이 필요하다는 논리를 폈다. 성령은 그 어떤 것도 또 아무도 도달할 수 없는 부분에까지 임할 수 있는 능력이 있으시다. 나와 한 친구가 소박하고 담담하게 앤토니를 위해 기도했다. 앤토니는 내가 본 것중 가장 성령 안에서 눈물 젖은 세례를 받았다. 그는 장장 세 시간 동안이나 그것도 때때로 격렬하게 흐느끼며 울었다. 하나님이 그에게 우는 법도 가르치셨나 보다. 이제 깊은 감정의 우물이 지표 가까이 올라온 것이다. 이제는 하나님의 자비와 은혜에 관해 말을 시작하면 앤토니의 눈은 기다렸다는 듯 감사와 사랑의 눈물로 흥건해진다. 예배는 딱딱한 마음에서 흘러나올 수가 없는 것이다. 그래서 시편 95편에서 찬송과 예배를 권고하고 있다. '오라 우리가 여호와께 노래하며 우리 구원의 반석을 향하여 즐거이 부르자' 라고 시작하면서 '너희가 그 음성을 듣거든···너희 마음을 강퍅하게 말지어다' 라고 넌지시 경고까지 한다.

이것은 흥미있는 구절이다. 나는 항상 이것을 열정적 복음 설교(gospel sermon)에 포함시켜 왔다. 그것은 예배로의 부름의 핵심적 구절이다.

6. 하나님 아버지의 마음
The Father's heart

오늘 그 음성을 듣거든(Today, if you hear)

하나님의 음성이 어떻게 들립니까?
언제 하나님이 당신에게 말씀하시는지 아십니까?

우리 세쌍둥이 마크, 해너, 사라가 갓태어났을 때 집에 놀러 온 친구들은 우리가 세 아이의 울음소리를 구별하는 것을 보고 놀랐다. 같이 살지 않는 한 갓난아기의 울음소리가 똑같이 들린다는 것을 나는 인정한다. 사람이란 곧 그 작은 소리의 특징을 분별하게 된다. 인식이란 서로의 관계에서 생기는 것이다. 예배는 아버지 하나님과의 사실적(real)관계에서 나와야만 한다. 그 관계란 이야기하고 듣는 관계이다.

몇 년 전 교회에 등록하고자 하는 성도들을 개인 인터뷰한 목사님에 관한 이야기를 들었다. 그분은 '하나님의 음성이 어떻게 들립니까?' 라는 질문을 포함한 정해진 질문을 했다. 그 목사님의 십대의 아들도 회원 후보였다. 판에 박은 질문을 아들에게 했다. '너 는 하나님의 음성이 어떻게 들리느냐?' 그 아들은 잠시도 머뭇거리지 않고 '아빠, 하나님은 꼭 아빠처럼 들려요' 라고 답했다. 참으로 훌륭한 답변이었다. 하늘에 계신 아버지의 목소리가 자신의 아버지의 목소리처럼 사실적(real)이고 명확하다. 소년의 하나님과의 관계는 이처럼 실제적이다. 나는 나의 아이들도 하나님의 음성을 그렇게 듣기를 바란다. 내 아이들이 하나님의 음성에 대한 반응이 때때로 나에게 반응하는 것보다 기꺼이 반응한다면 더욱더 좋겠다.

'하나님이 말씀하시는 것을 듣는 것'은 장엄하고 영적인 의미가 있다. 결국 사람은 들을 수 있는 음성이나 어쩌면 한두 컷의 영상이나 불덩이나 거센 돌풍 같은 것을 하나님의 증거로 기대한다. 얼마나 극적이고 얼마나 현실적(real)인가? 우리를 부르는 하나님의 분명한 음성을 들으면서 지극히 높은 곳과 속세 사이의 어느 아늑한 경지에서 평온하게 명상에 잠기는 것을 상상해 보라. 혹은 하다못해 정원을 걷고 있을 때 예고 없이 불길에 쌓여 말하는 철쭉숲 쪽으로 기이하게도 이끌려 가는 장면을 상상해 본다던가. 얼마나 극적인가? 그러나 이것은 거의 인간의 현실적 세상(real world)의 일부는 아니다. 하나님은 진정으로 듣고자 하는 진실한 사람들에게 그 목소리를 통해서 대화식 기도(prayer conversations)와 묵상과 그리고 물론 교회를 통해서 말씀하신다. 하나님은 때로는 주의를 끌기 위하여 그 자녀들에게 소리치실 필요가 있더라도 그렇게 하길 원치 않으시며, 침묵 가운데 말씀하고 싶으신 것이다. 나는 그라임스(E. May Grimes)가 몇 십 년 전에 쓴 아름다운 시에 곡을 붙여 몇 년 전에 앨범을 내면서 '침묵 속에서(In the stillness)라고 제목을 붙였다.

주님을 기다리는
고요한 시간에 말씀하십시오.
내 마음을 조용히 하고
반갑게 듣겠나이다.
오 주여 찬송하오니
이 고요한 시간에 말씀하십시오.
주님의 얼굴을 보고
힘을 느끼고 싶습니다.

주님의 말씀은 진정 생명이며
천국에서 내린 양식이니
그것으로 내 영혼 채우리이다.
주님의 성령으로
내 생명 채우시니, 내리는 이슬처럼
주님의 말씀이 들립니다.
주님께 모든 것 드리니
나는 나의 것 아니오며, 행복한 기쁨 바치오니
나는 오직 주님의 것입니다.
주여, 이 종이 주님을 듣사오니, 적막을 깨고 말씀하십시오.
주님이 맡은 내 영혼이
생명의 말씀을 기다립니다.
주님의 영광스러운 뜻으로
나의 지혜 채우시고, 주님의 선한 즐거움 되도록
이 어린양 인도하소서.
온갖 향기 가득한
촉촉한 정원 같은
주님 계신 곳에 오래 머물도록
그곳에 내 생명 낳으소서.
(© South Africa General Mission)

여기서 두 가지를 집고 넘어 가겠다. 첫째, 하나님으로부터 소식을 듣고자 하는가? 그렇다면 주님의 임재하심 속에(in his presence) 머물 줄 알아야 한다. 하나님은 갑작스러운 만남으로 그 마음의 비밀을 나누지 않으신다. 둘째, 하나님이 당신에게 침묵하신 채 당신을 못본 채 하신다는 것을 느끼는가? 하나님이 당신에게 말씀을 걸지 않으신다는 것을 아는가? 하나님이 당신에게 마지막 하신 말씀이 무엇이었으며 그것에 대해 당신은 무엇을 했는가? 하나님이 하신 말씀이 무엇이었던지 그대로 하자.

들을 수 있도록 가까이(Close enough to hear)

나와 내 아내 레슬리 사이에 다섯 형제를 두었다. 맏딸 래철은 라이체스터 대학교에서 의학 공부를 하고 있다. 분방한 생활 속에서 마치 카페인 과다 복용자처럼 겁이 없다.

적극적이고 난관을 극복하고 창조적이며 시끌벅적하다. 인생이 지루하지가 않다. 열여덟 먹은 맏아들 다니엘은 신경안정제를 과다 복용한 것처럼 느긋하고 성격이 기복이 없다. '마지막 트럼펫 신호' 같은 요란한 재즈음악에는 아마 '야, 멋진 연주다!'라는 반응을 할 것 같다.

세쌍둥이는 이제 열세 살인데 모두가 제각각이다. 마크란 놈은 십오 분 먼저 나와 그 중 맏이가 되었는데 스포츠광으로 특히 축구를 좋아하고 애스톤 빌라팀을 좋아한다.

계절 따라 스포츠 활동을 하며 허구한 날을 나가서 사는데 손이나 발끝에 공 없이는 못 산다.

막내딸 쌔라는 태어나서 몇 주 동안 인큐베이터 속에서 살았다. 열세 살이지만 조숙해서 열여섯 행세를 한다. 말재주가 제 큰언니를 닮았다. 해너는 태어날 때부터 염색체 이상 증세로 특수 교육을 받아야 했다. 마크의 활동성이나 쌔라의 말재주 같은 것이 없다. 잠자기 전 마크는 마치 애스톤 빌라팀이 우승컵을 쟁취할 수 있는 결정골을 넣는 것처럼 장면을 연출하며 환호하고 축하한다. 상상력이 풍부하다. 쌔라는 자기 말을 들어주는 사람이 지치면 혼자 종알거린다. 몇 년 전 해너가 훨씬 어렸을 때 주위가 시끄럽고 혼란스러우면 내 무릎에 기어올라 안기곤 했다. 그녀와 나는 잘 어울렸다. 아수라장 한가운데서 우리는 사랑에 빠져 있었다. 머리는 내 가슴에 묻고 숨소리는 내 숨소리와 화음을 이루는 이런 귀중한 몇 분간은 인생과 시간이 정지하는 것 같았다.

'아빠, 아빠 심장 뛰는 소리가 들리는데, 왜?'

단순하면서 의미 있는 질문에 내가 답했다. '해너야, 네가 아빠한 테 아주 가깝게 있기 때문이란다.'

나의 대답이 충분했을 것이다. 이내 우리는 '말없는 세계(world without words)'로 다시 빠져들었다.

아버지 하나님의 심장 고동이 그 '말없는 세계' 속에서 들린다. 용서와 수용과 확증의 맥박 소리가 아버지 하나님과 그 자녀 사이의 순수한 친밀감 속에서 확인된다.

아버지란 누구인가?(Father ··· who?)

결혼 생활의 파탄과 이혼한 부모와 어린이 학대의 한 세대를 거치 는 동안, 건전한 아버지 상(像)이 손상되었다. 그전 세대에서도 비슷 한 문제들이 있었으나 권위라는 껍질로 위장되고 가리워졌었다. 신 자 상담 중 여러 번 이런 고충을 들었다. 즉, '저는 하늘 나라의 아버 지 개념이 없습니다. 저는 하나님을 아버지로서는 예배가 안됩니 다 ··· 저는 현실의 아버지도 모릅니다.' 그런가 하면 목이 메이면 서 찬송하는 사람을 본다. '하늘에 계신 아버지 우리는 아버지를 사 랑합니다'.

두 가지이다. 첫째로, 고통받고 상처 입은 사람들에게는 사탄이 그들로 하여금 그 상처와, 상실감과 고통과 억울함에 매이게 한다. 지옥은 그 상처가 흉측하게 보이게 하고, 천국은 상처가 아름답게 보이게 한다. 갈보리의 상처(the scars of Calvary)는 천국의 상징적 볼거리가 되어 수많은 구속(救贖)받은 자와 경건한 자와 존경받는 자들이 모여서 보게 될 것이다. '주님의 상처로 우리가 고침을 받았 다.' 모든 상처를 천국의 감화력에 맡겨라. 예수님이 모든 것을 아름 답게 만드실 것이다.

둘째로, 당신은 육신의 아버지의 죄과 때문에 아버지 하나님과의 관계를 누릴 수 없게 박탈 당하고, 기만 당한 많은 사람 중의 하나라는 전제하에 묻겠다. '누가 당신에게 땅에 있는 아버지를 천국의 아버지 역할의 모델로 삼으라고 했는가?' 나는 그 가슴 아픔과 그 서운함을 과소평가하려는 것은 아니다. 그렇더라도 이 질문은 취소될 성질이 아니다. 하나님 아버지가 어떻게 생겼는지 알려면 누굴 바라봐야 하는가? 예수 그리스도이시다. 당신은 예수를 보았으며, 즉 아버지 하나님을 보았다.

눈을 예수님에게 돌리자. 그분의 포옹에 한껏 안기자.

마음을 무디게 하지 말라 (Do not harden your heart)

성령의 온후한 흔듦에 한때 응답하던 마음이 어찌 그리 무디어 질 수 있을까? 하나님 과의 관계 속에서 우리는 흡족하고 안심하고 느긋하게 쉴 수 있다. 인간적 수준에서는 어떤 사람을 마땅히 의지할 대상으로 삼을 때에는, 삶의 기쁨이 섬광같이 사라지고 말 수도 있다. 많은 결혼 생활이 감사함과 상호 관심이 무관심으로 변하기만 해도 파탄나고 말았다. 아모스는 한때 축복이 있었던 곳(시온과 사마리아 산)에서 자족하여 화를 당한다는 것을 경고 했다(아모스 6 : 1).

왕이신 여호와여, 나를 다스리시옵소서.
나의 마음 이끌어 주시고
주님의 나라가 임하게 하여
거기 보좌를 세우시고
주님의 뜻을 펴시옵소서.
나를 다스려 주시옵소서.
왕이신 여호와여, 나를 다스리시옵소서.
(*C. A. Bowater*, 1985)

제 2 부

리더십
Leadership

1. '나는 들어가겠다'
I will enter

교회에서 우리는 '이제 찬송과 예배로 들어갑시다' 라는 말을 얼마나 많이 들었는가? '들어간다(enter)' 는 것은 예배를 이끄는 열쇠이다. 이 말은 어디에서 '나와서' 어디로 '이동한다' 는 뜻이다. 즉, 여정이라고 생각하자. 달려서 혹은 서둘러서 하나님이 임재하 신 곳으로 들어가려고 하다간 실패와 좌절감에 빠진다.

인도자로서 우리는 우리가 이미 가 보았던 곳으로만 사람들을 인도할 수 있다. '예배를 인도' 하는 능력은 우리 자신의 신앙 생활의 사실성(reality)에 비례하게 된다. 당신이 하나님과 거리를 좁혀 실제로 그 앞에 가까이 다가갈 수 없다면, 인도를 받고자 당신을 바라보는 사람들을 어떻게 권면할 수 있기를 바라는가?

우선 해야 할 일 (Priority)

회중 앞에 서서 '이제 예배에 들어갑시다' 라고 인도하려면 본인 스스로가 이미 하나님과 얼마간의 시간을 보내고 난 후라야 한다는 것을 잊지 말자.

찬양대 앞에서 열성적으로 지휘봉을 휘둘러 코러스 메들리(chorus medley)라고 해도 좋을 찬송가를 숨가쁘게 지휘하는 것은 거의 누구나 할 수 있다. 그러나 열광적으로, 때로는 부드럽게, 그러나 항상 감수성을 가지고 지휘하는 것이 그 직무이다.

그러면, 혼자서 먼저 하나님과 함께 하는 시간을 갖는 목적은 무엇인가? 그것은 '은밀한 곳'에 머무르면서 당신의 마음과 생각을 하나님의 마음(heart)과 생각(mind)에 조율시키는 것이다. 물론 당신은 성령께서 하나님 백성의 모든 집회에서 직분을 다하시려는 실제적 소망을 가지고 계시다는 것을 실제로 알고 있다. 성령께서는 자주 그 백성의 생활 속에서 움직이려고 원하시나 우리가 성령께서 관여하시도록 자리를 내드리지 않는다. 우리는 그치지 않고 노래를 부름으로써 그 자리를 꽉 채워 성령을 내쫓는다. 인도자는 하나님이 가시고자 하는 방향에서 성령을 찾아야 한다. '그러나 나는 집회 도중에 성령에 인도되기를 바란다'라고 말할 사람이 있을 수 있다. 그것도 좋은 생각이나 집회 전에 성령의 인도를 받는 것이 더욱 좋다. 우리 모두가 해결해야 할 생활의 일들이 있기 때문에 성령이 오시도록 안내되어야 한다. 당신의 마음이 하나님 앞에 있으면 하나님은 방향을 제시하시어 당신이 회중을 진정으로 목적에 맞는 찬송과 예배로 인도하도록 하신다. 역대하 5장과 11장은 제사장들이 예배의 장소로 들어가기 전에 자신들을 정결케 함(consecrating or sanctifying)을 설명하고 있다. 준비를 함으로써 하나님의 임재하심과 또한 그 권능까지도 여지없이 감지하게 된다.

첫번째 단계 (First step)

하나님 앞에서 자신을 준비하고 나면 당신은 아마 회중의 준비가 잘못되었다는 것을 잘 느낄 것이다. 그들은 몸소 하나님과 시간을 같이 하지 않았거나 그리스도의 임재하심을 익히는 생활을 하지 않았는지도 모른다. 어떤 사람들은 이질적 환경에서 왔기 때문에 과도적 시간이 필요하게 된다.

'여호와의 산에 설자 누구며 그 거룩한 곳에 (대신) 설 자가 누군고 곧 손이 깨끗하며 마음이 정결하며 뜻을 허탄한데 두지 아니하며···'(시편 24 : 3~4). 마음의 상태가 회중이 찬양으로 '들어가는’ 능력의 중심이 된다.

시편 51편에서 다윗은 진실한 찬양이 여호와께로 가 닿을 수 있도록 하는 준비 과정을 명확하게 알려주고 있다.

1. ‘하나님이여 내 속에 정한 마음을 창조하시고 · · ·’ (10절)

우리의 마음이 우리를 저주하고 죄사함을 받지 못했다면, 하나님은 우리가 바치는 찬송을 열납하실 수 없으실 뿐만 아니라 심지어는 그 찬송을 들을실 수가 없다.

2. ‘ · · · 내 안에 정직한 영을 새롭게 하소서’ (10절)

우리 정신이 바르게 되어야 우리 마음은 하나님 앞에서 정말로 깨끗할 수 있다. 이는 하나님 안에서 서로 올바른 형제 자매가 된다는 것을 뜻한다.

‘그러므로 예물을 제단에 드리다가 거기서 네 형제에게 원망들을 만한 일이 있는 줄 생각나거든, 제물을 제단 앞에 두고 가서 형제와 화목하고 그 후에 와서 예물을 드리라’ (마태복음 5 : 23~24).

3. ‘주의 구원의 즐거움을 내게 회복하시고 · · ·’ (12절)

우리 찬송 속에 많은 표면적 즐거움이 있는데, 그 밑에는 메마르고 낙담한 마음이 자리잡고 있을 수 있다. 진정한 찬송은 구원과 용서를 확인 받음으로써 기쁨이 샘물처럼 넘치는 그런 마음으로부터 흘러나오기 마련이다. 죄의 사함 받음을 경험하고 또 그것을 아는 기쁨보다 더 큰 기쁨은 없다. 그때에 비로소 다윗은 부르짖었다. ‘주여 내 입술을 열어 주소서 내 입이 주를 전파하여 찬송하리이다’ (15장). 마음이 정결하고 정신이 바르게 되어 기쁨이 회복되면, 찬양은 흐를 수 있다.

투자의 필요 (The cost)

진정한 예배에는 투자가 필요하다는 것을 알아두어야 한다. 다윗이 말하기를, '···값 없이는 내 하나님 여호와께 번제를 드리지 아니하리라···'(사무엘하 24 : 24).

우리의 기분(feelings)에 관계 없이 우리 자신을 흔들어 깨워 예배케 하는데 소용되는 의지(the will)의 투자에 관해 이미 이야기했다. 여호와로 하여금 그 길을 가시도록 시간의 투자가 필요하고, 감정(emotions)과 집중(concentration)의 투자도 필요하다는 것을 말했다.

마음과 생각이 승복해야 한다. '····내가 영으로 찬미하고 또 마음으로 찬미하리라'(고린 도전서 14 : 15).

나는 몇 개의 기준을 만들었는데, 이것은 인도자들에게 실질적 의미가 있다.

1. 인도자는 마음의 준비가 필요하다.
2. 인도자은 집회를 위한 비전(또는 방향감각)을 가져야 한다.
3. 신체적으로, 음성으로, 정서적으로(emotionally) 회중을 감동(stir)시켜 찬송하도록 하는 것은 직무의 일부이다.
4. 회중은 일어섰을 때 적극적으로 참여하려는 의욕이 높아진다.
5. 인도자는 침착할 필요가 있다.
6. 격앙된 찬송에서 의도적으로 개인 중심의 예배로 ('우리'로부터 '나'로) 이동하라.
7. 흐름(the flow)에 마음을 열어야 한다. 지난번에 은혜가 있었던 절차를 기계적으로 따르지 말라.
8. 예배가 점점 친밀해(intimate)질 때 인도자는 덜 돋보이게 된다. 친밀한 예배(intimate worship)중에 그 중단 시간을 잘못

잡는 것은 파국적(disastrous)일 수 있다.

9. 예배도 썰물(ebb)과 밀물(flow)이 있음을 알아 두라. 강도의 양상에 따라 예배 시간(worship time)을 연장할 줄 아는 것이 유익하다.

10. '간접 예배(second-hand worship)' 즉, 다른 사람의 경험이나 영감에 편승하는 예배를 피하도록 권면하라. 찬송가들(hymns and choruses)은 개인적 예배로 들어가는 훌륭한 매개체이다.

새로운 찬송을 불러라 (Sing a new song)

성경 말씀은 여호와께 새로운 노래를 부를 것을 권고한다(시편 33 : 3, 40 : 3, 96 : 1, 98 : 1, 149 : 1,이사야 42 : 10). 천국도 '새로운 노래' 의 선율로 가득하다(요한계시록 5 : 9, 14 : 3).

성령은 창조적이어서 우리들 안에 여호와께 바치는 새로운 노래 즉, 영으로 그리고 이해하면서 부르는 노래들을 창조하기를 갈망하신다.

깊고 깊은 속에서
나의 영이 주님께 노래 부른다
(Keri Jones/David Matther, ©1978 Springtide/Word Music(UK))

그러므로 우리가 예배로 들어갈 때 이미 알려진 그 모든 노래들을 부르는 중 여호와께 바치는 새로운 찬송가를 부를 수 있는 유연성을 갖자.

2. 예배의 인도
Leading a worship service

역대하 29 : 25~30에 집례하는 방법이 설명되어 있다. 여호와께서는 신령과 진정으로 예배하는 자를 찾고 계신다(요한복음 4 : 23~24). 한 무리의 하나님 백성이 여호와께 예배하기 위하여 모이면 어쨌든 그 예배를 인도할 필요가 있다. 선지자 히스기야는 그럴 때 예배를 인도했다. 오늘날 많은 사람들이 스스로 재능이 있다고 생각하건 그렇지 않건 다른 사람들의 예배를 만족스럽게 이끌고 있음을 본다. 그것은 경건한 사역이다. 거대한 총회 집회이거나 정기적 지방 교회 예배이거나 또는 구역 집회이거나를 막론하고 그 원칙은 거의 동일하다.

능력 있는 예배 인도자는 훌륭한 성경 교사와 마찬가지로 교회에서 중요한 사람이다.

어떤 능력은 인도자가 타고난 것인가 하면 어떤 것은 경험과 가르치고자 하는 정신으로 습득한 부분도 있다.

결단코 예배 인도자는 혼자서는 일할 수 없으므로 여러 가지 감화적 요인에 부닥치게 된다.

우리는 함께 모였다 (We are gathered together)

우리는 다시 함께 하였다. 그러나 무슨 조건으로인가? 거의 모든 집회가 준비 상태와 의지와 영적, 신체적 능력과 전통과 기대 등 실로 상황이 다양하다. 어떤 사람은 그 자리에 있어야 하기 때문에, 어떤이는 참석하라는 지시를 받아서, 또 어떤 사람은 참석하고 싶어서 오게 된다. 사무실이나 공장일로 고단한 하루, 가족이 아프거나, 말썽을 부리는 아이들, 신앙을 갖지 않은 친척 등···, 이 모든 것이 집회를 시작할 때에 갖추어야 할 자세에 영향을 준다. 이런 요인들을 인정하고 찬양이 이루어질 수 있도록 사람들의 마음과 생각을 모아야 한다.

집회를 갖는 이유 (The reason for gathering)

집회의 목적이나 형식이 의도하고 있는 찬송과 예배의 강도를 결정한다. 정기 집회인가 혹은 특별 집회인가? 당신 교회 사람들만인가 혹은 다른 사람들도 섞여 있나? 집회의 형태와 목적을 명확히 이해해야 한다. 나는 찬송과 예배가 모든 활동(즉 기도회, 성경 공부, 복음 전도 등)의 중심이 되어야 한다고 믿는다. 오순절날 예수님을 따르는 사람들이 기다리고 있을 때 약속된 성령이 그들에게 임하시고, 그들이 하나님의 큰 일을 전파하니(사도행전 2 : 11), 교회에 3,000명이 더해졌다. 그것이 교회의 성장이다. 아침에 120명이었던 것이 저녁에 3,120명이 된 것을 상상해 보라. 성령과 예배의 증거는 복음 전도의 핵심이다.

좋은 일이 너무 많으면 오히려 좋지 않다 하지 않던가? 기독교의 달력에는 유난히도 경축 집회가 많은데다가 모든 집회에 경축 분위기를 배양한다는 것은 위험한 일이다.

나는 손을 흔들며 기뻐하는 훌륭한 구역 단위의 집회가 있음을 알고 있다. 집회의 규모가 찬송과 예배의 형태에 영향력을 준다.

경축 집회 (The celebration)

대개 250명 이상. 이런 집회는 거의 연단을 중심으로 주도권을 가지고 통제된다. 큰 집회는 오랜 시간 찬송가를 부르고 예배하는 형식으로 이루어진다. 이런 것은 단지 출석 숫자와 찬양대 규모 때문에 유지될 수가 있는 것이다.

회중(The congregation)

약 200명 내외까지. 찬송과 예배의 형태가 여기서는 훨씬 다양할 수 있다. 찬송 부름과 함께 기도와 성경 봉독, 신앙 나눔과 간증 등의 구두 참여의 기회가 주어질 수 있다.

회중이 적으면 적을수록 찬송가를 오래 부르는 것이 점점 어려워진다. 다양한 방법의 인도가 필요하다.

구역회(The cell)

구역 회원(home group or house fellowship). 이상적 규모는 12명에서 15명 정도다. 약간의 찬송가도 바람직하나 봉독에 의한 찬송과 신앙 나눔과 예배를 이끄는데 더 비중을 두어야 한다.

찬양 인도자 (Leadership of singing)

갑자기 새로 인도의 직분이 출현한 것 같다. 그것은 예배 인도자이다. 어떤 교회는 목사나 장로를 중심으로 하는 총체적 지도 체제 외의 개념은 인정되지 않고, 천부적 자질은 사안에 해당되지도 않는다. 책임의 한계가 명확히 구분되어 있지 않으면 집회중 혼란과 불협화가 일어난다. 누가 인도할 것인가? 여러 가지 가능성이 있을 것이다.

1. 인도의 직위를 전면 개방할 수 있다. 이 경우 사실상 인도자가 없다. 모두가 우두머리이다. 이럴 때 '성령에 인도되길 원한다' 를 주장하는 무리가 주역이 되는 경향이 있다. 그럴듯하게 들리나, 하나님은 실제로 그의 교회에 권위를 세우려고 한다. 지도력은 하나님의 계획의 일부이다.

2. 집회를 한 사람이 시작하고 그 다음에 '하나님이 역사 하시도
록' 비워 놓는다. 이것 또한 문제를 안고 있다. 지도력(또는 책임)의
포기가 전적으로 하나님의 뜻일 수만은 없다.

3. 집회가 일단의 음악가와 성가대에 의해 인도되는 경우이다. 지
금 이것이 관심을 끄는 대안이다. 그러나, 자기가 선호하는 분야에
서 운영하고자 하기 때문에 찬송과 예배에 관한 모든 것이 음악 일
변도로 되간다는 문제가 있다. 또한 집회가 유능한 음악인에 의해서
만 이끌어진다는 것은 위험하다. 다윗의 성막의 연주자나 노래하는
자들은 능숙한 음악 반주와 함께 예언을 노래하였다. 분명히 그들은
훈련되고 통달하였다(역대상 25 : 7). 오늘날의 훌륭한 음악가들이
예배에 봉사하기를 꺼리는 것은 참으로 슬픈 일이다. 만일 능숙한
자 혹은 민감한 자, 전문가 혹은 선지자적 인물 중 선택한다면 항상
선지자처럼 기름 부음을 받은 자를 선택하라. 만일 거기에 음악적
재능이 겸비된다면 장엄한 집례가 될 가능성도 있다.

4. 인도력에 대안이 있다면 그것은 두세 사람이 명분하여 하는 것
이다. 이런 작업은 그들 사이에 기존의 친교가 있을 때에만 된다(경
쟁심은 '함께 흐를' 수가 없다). 또한 예배하는데 있어 비전과 목적
의 일치가 있어야 한다.

이러한 팀 형식의 리더십은 몇 가지 실질적 이득이 있다. 집회가
기름을 부은 듯 흐를 수가 있고, 서로가 보완 관계에 있으므로 올바
로 집례하는데 대한 강박 관념이 줄어든다.

5. 마지막 대안은 (어쩌면 항상) 단 한 사람이 인도하되 음악가의
지원을 받는 것이다.

이것은 일관성은 있을 것이나 대조라는 면에서는 불충분하다. 모
든 인도자가 자기 나름대로의 방법을 가지고 있으나, 한가지 방법에
만 의존한다면 발전과 계발은 있을 수 없을 것이다.

무엇을 노래할 것인가? (What shall we sing?)

1. 주로 찬송가(hymns)를 부르고 코러스(choruses)는 예배 전 싱어롱(sing-a-long) 역할을 시키거나, 2. 거의 전적으로 코러스를 부르고 자생적 노래(spontaneous songs)를 겸하고, 3. 주로 코러스를 부르고 자주 부르는 찬송가와 자생적 노래를 함께 부른다.

제안: 1과 2는 배타적임에 비해, 3은 표현의 폭과 유연성을 제공한다.

찬송가 (Hymns)

많은 교회들이 찬송가집(hymn-book)을 던져버림으로서, 대체할 수 없는 경험의 유산과 부를 제거하고 있다. 목욕물과 함께 어린아이까지 버리는 우를 범하지 말고, 개념적으로나 신학적으로 의문시 되는 것만 피하면 된다. '성을 지켜라 내가 오리니'는 어떤 어려움이 있더라도 지키라는 의미이며, '우리는 이 모든 죄와 고난으로부터 구원받을 것이다'의 정신이다. 하나님은 우리에게 '성을 지킬' 것을 바라는 것이 아니고, 우리가 그의 교회의 건물의 일부가 되기를 원하시는 것이다. 우리는 참는 것이 아니라 승리에서 승리로 '쫓아' 가야 한다. 예수 그리스도의 교회는 퇴각하는 것이 아니고 적이 차지한 영토를 탈환하고 있는 것이다.

우리는 적이 짓밟은 땅을
되찾을 것이다.
우리는 권세와
여호와의 성령과 권능으로
싸울 것이다.
우리의 하나님 그런 하나님
또 어디 있으랴.
우리는 패배를 알지 못하며

알아서도 안되며
알리가 없다.
(*C. A. Bowater*, 1982)

'연약하고 온순하고 온유하신 예수님' 은 연약하고 온순한 세대를 낳았다. 내가 모시는 그 예수님은 진정 연약하고 온순하시나, 여호와 하나님께서 권능을 내리신 예수님이시다. 마귀들은 그 이름에 무서워하고 떨고 있다. 다음과 같이 시인하자.

예수 그리스도가 주이심을, 그는 어디에나 계시고 광대하시며
영광이시며 승리이시다
나는 예수 그리스도를 주라 시인합니다.
(*C. A. Bowater*, 1982)

'주여, 나는 방황하나이다. 어찌하오리까?' 는 어떤가? 그러한 부정적 고백은 부정적 삶을 초래한다.

그러나 어떤 찬송가 가사에는 우리는 결코 패배해서는 안된다는 깊은 진리가 있다. '하나님은 너울 속에서 나오라 하신다' (Frnaces Bevan), '나의 목표는 하나님 그분' (F. Brook), '하나님의 사랑은 으뜸이니' (Charles Wesley) 등과 그 밖의 많은 훌륭한 찬송가들은 대를 이어 불러야 한다. 찬송가의 목적은 진리와 교리를 전파하고, 예배를 가르치고 공개하는 것이다. 오늘날의 세대를 유린하지 말자. 우리의 신앙에 초석이 되며 기본이 되는 찬송가를 그들에게 보여 주어야 한다.

코러스 (Choruses)

오늘날 코러스가 많다는 것은 축복이면서도 해로울 수 있다. 그 많은 새로운 노래와 그 많은 새 책들··· 어떻게 그것들을 다 알

랴? 새로운 노래를 알려고 하는 중압감이 크다.

우리 앞에 봇물처럼 나오는 모든 새노래를 배우려고 하는 교인들은 여러 가지 함정에 빠질 수 있다.

그런 노래가 제대로 여과되어 우리 교회의 구조 속으로 또는 개개인의 영 깊숙이 파고 들지 못할 가능성이 많다. 많은 새로운 노래들이 신앙 표현의 일부가 되려면 많은 시간을 두고 지켜봐야 할 것 같다. 물론 코러스가 발전하도록 허용되어야 한다. 그러나 내 경험으로 보면 새노래들이 2, 3주 후에 '타살(killed off)' 당한다.

생명이 아주 짧은 코러스들이 있다. 그동안은 우대 받으나 영구적 가치가 없는 것도 있고, 어떤 경우는 좋은 찬송가처럼 교회 레퍼토리로서 보전할 가치가 있는 코러스도 있다.

예를 들어 주제와 스타일과 음조 등을 확인하면서 코러스를 심사하고 분류하는 작업은 해볼만하다. 그와 함께 확산 가능성이 있는 코러스를 세워 준다면, 이러한 것들은 오랜 기간 '교향악적 찬송' 으로 발전할 수 있다. 어떤 것은 그런 소지가 있고 어떤 것은 그 렇지 못하다. '나는 감사 기도함으로 주님의 문으로 들어 가리이다' 라는 표현을 너무 사용하는 것을 반대한다. 그것은 훌륭한 출발이고 또 어디서 하건 출발을 해야 하지만 자생적 찬송가의 스프링보드는 아니다. 왜냐하면, 그것이 음악적으로 다양하게 해석될 수 없기 때문이다.

여기서 하나의 분류 기준을 제시해 본다.

1. 감사기도, 기쁨, 찬송, 집회 – '확장' 잠재력이 제한적인 것.
2. 감사기도, 기쁨, 찬송, 집회 – '확장' 잠재력의 가능성이 있는 것.
3. 밝고 풍성한 찬송
4. '평범한' 찬송
5. '성실한' 찬송
6. 예배에 치우치는 '성대한' 찬송

7. '성대한' 예배—특히 하나님에게 바치는

8. '성실한' 예배—특히 하나님에게 바치는

9. '평범한' 예배

10. 극히 기본적(basic)인 예배—극히 단순함

11. 개인적 필요, 굶주림, 기복, 갈망, 감동, 축복

12. 주제—예를 들면, 성도(saints)간의 관계, 그리스도의 치료와 축복, 헌신(또는 그 대기 상태), 하나님을 깨달음, 전쟁과 대립, 시작의 노래, 끝나는 노래 등.

성과가 있는 코러스로, 다른 코러스가 전달하지 못하는 것을 가지고 있는 코러스에 관하여 항상 기록하라.

오순절 교파의 문필가의 공자로 불리는 Donald Gee가 쓴 논설을 읽었다. 그는 1929년에 다음과 같이 썼다.

우리가 찬송가(hymn)나 코러스를 부름에 있어 쉽게 저지를 수 있는 단점은 자신의 경험과 느낌과 소망 등을 지나치게 강조하여 나타낸다는 것이다. 무의식적일 수는 있으나 '하나님에게' 라기 보다는 우리 자신에 관해서 또는 우리 자신에게 또는 우리끼리 노래 하기 쉽다. 꿀이 약속의 땅에서 한 가지 실제적 양식이 되듯이 찬송하는 것은 아름다운 기독교인의 감정을 표현하는 완벽하고 정당한 방법이다. 그러나, 여호와게 드리는 예물에는 꿀이 없어야 하며(레위기 2 : 11), 우리는 부흥적 즐거움의 감정과 신령과 진정으로 하는 참된 예배와 혼돈해서는 안된다. 어떤 경우든 '꿀' 은 절제되어야 한다(시편 26 : 16).

달콤한 형태의 찬송가나 코러스를 너무 많이 부르는 것은 나중에는 영적 구토 증세를 일으킨다. 진정한 예배는 결코 싫증나지 않는다.

나의 생각에는 1990년대 초에 그러한 것이 실증되고 있다고 생각한다. 자생적 노래에 관한 논평들이 있었는데 영적으로 부르는 것으로 (잘못) 일컬어졌었다. 호주 투왐바 출신 부린 바레트(Bryn Barrett)는 '기독교 예배(Christian Worship)'라는 한 논평에서 다음과 같이 말했다.

신령한 노래(spiritual songs)는 그와 같이 독특하고 자생적으로 폭발하는 성스러운 노래이다.

누구나 그러한 노래를 만들 수 있다. 성령께서 그것을 촉진시킨다. 그것을 공중 앞에서 이해하기 위해서는 몸소 그것을 즐겨야 한다. 그것은 개인의 음악적 재능과는 관계가 없다. 신령한 노래란 그런 것이다. 세계적으로 제일 유명한 코러스도 그것에 필적할 수 없다.

마음과 영적 생활의 준비
(Preparation of your heart and spiritual life)

훌륭한 인도자는,
예배하는 마음과 영을 가져라.

거의 모든 사람이 예배하기를 원한다. 그러나 하나님을 바라보고 체험하기 위하여 일상 생활의 세속적 양상에서 벗어나기가 힘들 때가 있다. '어서 일어나시오. 그분이 왕중의 왕이시라는 것을 모릅니까? 하나님은 그런 대우를 받아 마땅하십니다. 하나님 앞에서 아직도 앉아서 무얼 합니까?' 예배 인도자는 하나님의 백성을 이렇게 꾸짖고 나무라서는 안된다. 절대 그래서는 안된다. 그들 대부분은 자신의 마음속에 비추어진 계시로 하나님을 광대케 하려고 최선을 다하고 있다. 백성과 접촉하고 그들과 조율되고 선지자적 재능을 발휘하고 권면할 줄 아는 기름 부음 받은 인도자들은 백성들의 관심을 하나님의 크심과 선하심으로 인도해야 한다. 그들은 영감과 광채로 가득한 분위기를 창조하는 데에 목표를 두어야 한다. 선지자적 남녀 교역자로 말미암아 집회 가운데 들어오는 빛과 진리는 하나님의 백성을 흔들어 깨우고 권면하고 자극하여 하나님께 감사하고 영광 돌리게 한다. 그리하여 자유케 되고 영감을 받아 그들이 소리 높여 여호와께 예배하는데 어려움이 없게 된다.

빌 패튼(Bill Patton)은 '실행적 예배(Radical Worship)' 란 글 (People of Destiny 잡지)에서 이렇게 말했다.

그렇다면 이것은 예배 인도자들의 임무이다. 그들은 예언과 찬송과 예배가 무르익을 수 있는 환경을 조성하고 자신에 대하여 예언하여 실례를 가지고 인도해야 하며, 그리고는 하나님을 무한히 영광되게 할 수 있도록 음악적 예언적 솜씨(gifts)를 조화시키는 조정의 임무를 다해야 한다.

신선한 영적 생활을 하라.

영적 생활의 신선함(freshness)은 하나님과의 진실하고 합당한 관계와, 성령이 항상 충만히 내재하심(indwelling)과 그리고 인간의 지식을 초월하는 그리스도의 사랑에 대한 갈망에서 솟아난다.

교회의 지도층과 하나되어야 한다.

당신은 교회의 지도층의 지원과 격려가 필요하다. 예배 인도자는 항상 공격의 첫번째 표적이다. 화살이 날기 시작하면 모든 면에서 당신과 뜻을 같이하는 사람들이 주위에 있다는 것을 알아둘 필요가 있다. 인간관계와 비전에서 하나가 되라. 자주 개역되는 시편 133장의 어떤 영어 번역은 ' · · · 형제가 연합하여 함께 떨고 있음이 어찌 그리 선하고 · · · ' 라고 되어 있다. 비전은 명확하고 일관되어야 한다. 방향 감각이 없다는 것은 정확한 목적지에 도달할 수 없음을 뜻할 수 있다.

음악인들과 의사 소통을 잘해라.

그들이 필요하므로 그들을 방치하지 말라. 기도와 기획에 참여시켜야 한다. 음악인들은 예배에 대하여 귀중한 일가견을 가지고 있다. 그들의 말을 듣고 상의하고 그들과 흐름을 같이 해야 한다.

기름 부음에 민감히 하라.

통제는 알력을 일으키지 않고 해야 한다. 미리 수립한 계획에 집착하지 말라. 어려운 시간을 인내해 나아가되 다투지 말고 하라. 성령은 온후한 편이시다. 성령은 장애물에도 불구하고 밀고 나아가지 않으신다. 그러나 성령은 기회가 닿으면 그 자리를 차지하신다.

백성들에게 민감히 대하라.

종의 마음이 되어야 한다. 많은 사람들이 내심 울고 있으며 상처를 입었으며 고통스러워할지도 모른다. 하나님의 은혜 즉, 흡족한 은혜가 베풀어지도록 하라.

당신은 눈물은 흘리지 않지만 내심 울고 있어요
당신은 깊은 두려움을 감추고 있어요
당신은 내일이 오는 것을 바라지 않고 있어요
예수님 말씀하십니다.
'너희는 오늘 나의 은혜에 흡족하리라'
(*C. A. Bowater*, 1985)

영적 성서적 예배에 관하여 자신의 비전과 계시적 감각을 지녀라.
당신은 감사기도함으로, 찬양함과 기뻐함으로, 그리고 예배함으로 회중을 '주 앞에' (시편 95 : 2) 인도하고자 한다.
'··· 예물을 가지고 그 앞에 들어갈지어다 아름답고 거룩한 것으로 여호와께 경배할지어다' (역대상 16 : 29).

당신은 사람들을 그 발등상으로 인도해서 예배하고자 하며(시편 132 : 7), 구원의 성령을 불러 모시고자 하며, 하나님이 진정으로 모셔지는 것을 바란다.

직무의 해결법 (Approaching the task)

당신은 여행 즉, 인간이 할 수 있는 가장 의미 있는 모험의 여정을 떠난다. 그것은 우리가 현재 처해 있는 상황을 인정하는 것으로 시작해서 하나님을 만나게 되는 거룩함 중의 거룩함에 이르는 것이다. 그 여행은 성전에 올라가는 노래(시편 120~134편)를 봄으로써 참되게 구상(plot)할 수 있다.

이 시편의 노래는 마음과 생각의 상태를 고백하는 '환난 중에 여호와께 부르짖었더니 · · ·' (시편 120 : 1)로 시작한다.

그 노래는 하나님을 갈망하고 하나님을 향하여 가겠다는 약속으로 '내가 산을 향하여 눈을 들리라 · · ·' (시편 121 : 1)라고 고백함으로써 계속한다.

노래는 '사람이 네게 말하기를 여호와의 집에 올라가자 할 때에 내가 기뻐하였도다' (시편 122 : 1). 즉, 흥분과 기대 그리고 가고자 하는 의지를 나타냄으로써 전진한다.

노래는 점차적으로 덜 개인 중심이 되고 더 하나님 중심이 되어, 자신들의 기분(feelings)에서 벗어나 하나님을 인식함에 이른다.

이 여정의 '지리적 특징' 을 알아보고 평가해 보자.

오름과 내림이 있고 산과 계곡이 있으며 가파른 곳과 완만하게 구비치는 들판, 시원한 목장과 돌각 다리 길도 있어 여행의 모든 양태를 갖추고 있다. 우리가 가지고 있는 모든 표현력을 동원하여 자유롭게 찬송하고 예배하는 시간을 만들자. 조용한 물가에 머무는 시간이 있을 것이고 높은 곳으로 힘들여 올라가는 시간이 있을 것이다. 쉬는 시간과 활발하게 추구하는 순간들이 있을 것이다.

우리가 부르는 모든 노래에 숨어 있는 의미를 파악하자.

그 잠재된 뜻이 이루어지도록 하자. 우리는 가끔 너무나 일찍 노래에 싫증을 낸다. 노래를 불러 그것이 표현에 그치는 것이 아니라 신앙고백(confessions of faith)이 되기까지 불러야 한다.

우리는 '성령과 동행' 할 때 모든 '굽음'과 '오르막'이 길어도 상관없다. 우리는 여정이 고달프게 생각될 때에도 강행할 줄 알아야 한다. 하나님의 임재는 적극적이며 움직이시는 임재이시다. 여호와 하나님은 치료하시고 회복하시고 용서하시고 권면하시고 비추시기 위해 (어찌 이뿐이랴) 임재하실 것이다.

말을 너무 많이 하지 말라.

백성들이 하나님과의 만남을 진정으로 추구하고 있을 때 '해설 삽입(voice-over)'을 적게 하라. 그들이 하나님에게 가까이 가면 갈수록 다른 사람을 점점 덜 의식하게 된다. 백성들이 하나님과 친교의 시간을 갖고 있을 때에는 제 삼자의 개입이 필요 없게 된다.

상승과 절정을 지나치게 되풀이하여 백성들을 지치게 하지 말라.

고요함을 두려워할 필요가 없다. 그러한 침묵의 시간에 하나님으로 하여금 하나님이 친숙한 방법으로 말씀하도록 하자. 하나님은 우리가 많은 말로 할 수 없는 것을 짧은 시간에 이루실 수 있다.

사람들이 침착하도록 가르치자. 합창과 기도와 성경 낭독과 심지어는 예언까지도 사람들이 하나님과 만나는 현실에서는 아무 도움도 되지 못한다. 오히려 큰 방해가 될 수 있다. 항상 말과 행동에 품위가 있어야 한다.

당신의 얼굴에는 열성이 있어야 하고 당신의 생각이 방황해서는 안된다. 당신이 인도한다는 것을 잊지 말자.

하나님에 대한 예배는 우리를 하나되게 한다
(Worshipping God brings us into one accord)

이것이 예배를 인도하는 궁극적 동기이다. 단 몇 명이건 수천 명이건 예배는 모든 사람을 성령의 하나됨(the unity of Spirit)으로 이

끈다. 이것이 직무인 것이다.

우리가 다른 많은 기독교인들과 함께 여호와께 예배할 때 우리는 일치(a unity) 즉, 하나됨(a oneness)으로 인도된다. 우리는 이질점 (differences)에 집중하는 대신 예수님을 보고 그 분께 초점을 맞춘다. 우리가 예수님 본체의 경이로움에 사로잡히면 모든 이질점은 예수님 곁에서는 빛을 잃는다. 우리가 예수님께 보다 가까워지고 또 우리들이 서로 보다 가까워지는 때는 우리가 함께 예수님을 바라보고 예배할 때이다.

(Roxanne Brantk, Ministering to the Lord)

우리는 예수님을 아무리 사랑해도 지나칠 수가 없다. 우리는 예수님과 아무리 시간을 보내도 지나칠 수가 없다. 예수님은 만물을 지으시고 또 그의 뜻대로 지으심을 받았기 때문에 영광과 존귀와 능력을 받으심이 합당하시다(요한계시록 4 : 11)

3. 실행적 예언적 찬송
Radical prophetic praise

최근에 (영국) 남쪽 지방의 한 젊은이로부터 전화를 받았다. 그는 예배와 찬송을 일선에서 인도하고 있기 때문에 많은 사람에게 알려진 인물이다. 그는 15분 내지 20분 정도 자신의 공허함과 환멸에 찬 자기 마음을 털어놓았다. 하나님에 대해서가 아니라 사람들이 찬송과 예배에서 반응하는 수준에 환멸을 느꼈다는 것이다. 우리는 말하자면 예배와 찬송에 관한 모든 기술을 익히고 있다. 또 모든 장비를 갖추고 있다. 우리는 자유롭게 예배하고 자유롭게 찬송한다는 것이 무엇인지 알고 있다. 그러한 이면에 옹졸한 환멸감을 느낀다는 것이다.

나는 기술과 방법론에 관해 글을 쓰자는 것이 아니다. 나는 '실행적 찬송과 예배(Radical prophetic praise and worship)'에 관해 쓰려는 것이다. 이것은 뭘 뜻하나?

솔직히, 우리가 '믿음과 승리감 속에서 걷고 있는' 것으로 들리지 않을 것이고 또 소위 우리의 영성(spirituality)에 그림자를 드리울지 모른다는 우려 때문에, 우리 모두가 느끼고 있으나 감히 말하려 하지 않는 그 몇 가지에 관해 말하려 한다. 정직하게 말하자면, 우리들 중 많은 사람들이 성취감을 느끼지 못하는 예배의 시간, 진정한 하나님의 생명으로 듬뿍 적셔지지 못한 시간들을 여러 번 경험했다.

그렇다, 훌륭한 집회에 참석했으나 그 집회가 진정한 하나님의 생명
으로 채워지지 않았다. 그 집회들이 현실감으로 채워지지 않았다.
그 집회들이 경건함으로 채워지지 않았다. 요한복음 10장 10절은 말
한다. '내가 온 것은 양으로 생명을 얻게 하고 더 풍성히 얻게 하려
는 것이라.'

나는 (영국)서북 지방의 한 교회에 간 적이 있는데 그 주차장에서
환영을 받았다. 목사님이 오셔서 나에게 뼈가 으스러질 듯한 그런
카리스마적 포옹을 했다. 나는 '안녕하십니까?' 그랬고 그것이 버튼
을 누른 격이 되어 그는 그후 오분간 인사말을 쏟아 놓았다. '아, 네,
형제님 · · · 할렐루야 · · · 하나님께 영광을 · · · 하나님은 참 놀
라우십니다 · · · 우리는 믿음과 승리 속에서 걷습니다 · · · 우리는
그 빛의 자녀들입니다' 등등. 오분간 적극적 선언이 물 흐르듯 했다.
그 끝에 나는 숨을 돌려 쉬고 '정말입니까?' 하였다. 그는 '하, 사실
그런 게 아니라 · · · 헌데 아무도 그 두번째 질문을 던지지 않았습
니다' 라고 말했다.

나는 나의 예배에서 나의 찬송에서 내 자신이 참되기를 정말 갈망
한다. 나는 하나님이 참되기 때문에 내가 참되기를 바란다. 나는 나
에게 일이 주어졌다는 이유만으로 일을 하려고 하지는 않는다. 금년
에 나는 순회 약속을 75%나 취소했다. 많은 사람들이 그 이유를 이
해하지 못했으나 나는 내 인생에서 하나님을 찾고 하나님이 더 주시
기를 기다려야 할 필요가 있음을 알고 있다. 우리는 때때로 쳇바퀴
돌듯 일정한 일을 되풀이하는데 여념이 없다. 기계적으로 움직인다
는 것이다. 우리가 사람들과 일하고 그들을 인도하는데 익숙해지면
집회는 만들어 낼 수 있다. 우리는 사람들을 일으켜 세워 노래를 부
르도록 할 수 있다. 그러면 그들은 훌륭한 집회에 참석했다는 보람
을 느끼며 돌아갈 수 있다.

나는 사람들이 '훌륭한 집회' 에 참석만 하고 돌아가는 것이 아니
라 그들이 정말로 하나님을 만나서 변화되어 돌아가게 되기를 바라

는 마음이 점점 간절해진다. 우리는 쉽사리 예상할 수 있는 패턴 속으로 빠져드는데 만족하게 된다. 예전에 어떤 사람이 마차 바퀴 자국과 무덤의 차이는 그 깊이 뿐이라고 말했다. 우리는 그런 궤도의 틀에 박혀 예상할 수 있는 패턴으로 빠져 들어가기 쉽다. 우리의 합심의 시간에 하나님을 체험하려는 의욕을 잃고 뛰어난 예배를 하려는 결의를 상실하기 쉽다. 그러나 우리는 평범함에 만족하는 하나님의 백성이 되어서는 안된다. 우리는 결코 차선(second best)에 머물러서는 안된다.

'내 영혼아 여호와를 송축하라 내 속에 있는 것들아 다 그 성호를 송축하라' (시편 103 : 1). 우리는 그런 뛰어남을 추구해야 한다. 그 이하의 것은 수동적이다. 그 이하의 것은 피상적이며 무의미한 종교이다. 나는 코러스를 쓰는 사람으로서 말하거니와 우리는 최근의 코러스까지도 부를 수 있으나 사람들이 진정으로 그것들을 숭배 (또는 예배를 위한 예배를)하는 것은 문제다.

구약성경에서 보듯이 하나님의 백성의 근본적 문제는 하나님 외의 다른 것들이 자신을 높여 백성의 존중과 관심을 끌어 백성들이 우상 숭배의 죄에 빠지는 것이다. 오늘날 교회에 우상 숭배가 있음을 환기시키고자 한다. 우리는 온갖 영적인 옷으로 우상을 치장한다. 나는 그 예로 최근작 노래인 코러스를 지목한다. 우리는 심지어 사람들을 대좌에 앉혀 그들을 우상화할지도 모른다.

대외적 표현은 항상 하나님에 대한 마음속의 느낌과 충직한 감사의 마음을 반영하는 것이어야 한다. 그 외의 것은 하나님을 찬양하는 것이 아니다. 그 외의 것은 축복이 아니다. 마지못해 하는 기계적 예배는 시간의 낭비일 뿐이다. 오히려 집회를 하지 않는 편이 낫다. 그와 대조되는 것이 시편 28편 7절이다.

'···· 내 마음이 크게 기뻐하며 내 노래로 저를 찬송하리로다'

우리 교회의 한 인도자는 '어쩌다 한번만이라도 진정한 예배를 해봤으면' 하고 용기있게 말했다. 그런 용기는 우리 모두가 갖기를 원하는 것이다. 그가 이끄는 집회는 오후 6시에 시작하는데 그는 6시 15분에 사람들을 집에 보냈다. 그는 이렇게 말했다. '여러분, 여러분은 하나님과 만나려고 나오신 게 아닙니다. 여러분은 그런 기대를 갖고 온 것이 아닙니다. 따라서 판에 박힌 동작만 하면 안됩니다. 집회를 위한 집회는 하지 않겠습니다. 집으로 돌아가십시오.' 일주일 후 그들이 다시 왔을 때는 자세가 되어 있었다. 그들은 하나님과 만나고 싶어했다. 그런 열정이 있었고 기대가 있었다. '이러므로 우리가 예수로 말미암아 항상 찬미의 제사를 하나님께 드리자 이는 그 이름을 증거하는 입술의 열매니라' (히브리서 13 : 15).

마지못해 하는 기계적 예배는 하나님을 만족시키지 못한다. 그것은 우리에게 아무런 소득도 주지 않고 환멸만 남겨 준다. 나는 우리가 하나님을 바라볼 때 변화한다는 것을 믿는다. 그것은 사람들이 우리 교회에 들어올 때와 같은 무거움을 가지고 다시 돌아가는 것이 아니라는 것을 의미한다. '내가 여호와께 구하매 응답하시고 내 모든 두려움에서 나를 건지셨도다. 저희가 주를 앙망하고 광채를 입었으니 그 얼굴이 영영 부끄럽지 아니하리로다' (시편 34 : 4~5). 그들은 여전히 두려움에 사로잡히거나 불신적이고 냉소적 마음으로 얽히고 병든 채 떠나게 되지 않는다. 우리가 진정으로 하나님을 앙망하면 우리는 변화할 것이다.

예언적 예배와 예언적 찬송이란 무엇인가? 그것은 사람의 노력으로 만들어지는 것이 아니라 실질적인 하나님 임재(the reality of God's presence)로 형성되는 찬송을 말한다. 나는 몇 년전 저녁 7시에 시작하는 셰틀랜드의 한 집회에 참석했다. 밤 11시 30분에도 아무도 가려 하지 않았다. 자정이 되서도 가지 않고 대부분이 무릎을 꿇고 얼굴은 하나님을 향하고 있었다. 왜? 그것은 내가 피아노 앞에서 그것을 받쳐 주고 계속되도록 해서가 아니다. 그것은 하나님이 비중 있게 집회에 임재해 계시고 내가 결코 경험해 본 일이 없는 정도의 분위기에서 예배가 분출하기 시작했기 때문이다.

우리는 예배 안에서 발전하려는 의지를 훼손시켜서는 안된다. 사람들이 모든 세미나에 갔었다던가 모든 강연회에 갔었다던가 하는 일들이 여러 곳의 많은 교회에서 생기고 있다고 믿는다. 그들은 훌륭하고 그리고 어떤 안도감을 갖게 하는 일련의 법칙과 원칙을 배운다. 그래서 그들은 그런 정도의 안도감에 머물러 있음으로써 행복을 느낀다. 그것은 하나님 앞에서의 발전이 아니다. 하나님 앞에서 일정 수준에서 안주한다는 것은 퇴보의 위험성을 자초하는 것이다.

하나님 안에서의 목적은 꾸준히 발전하는 것이다.

예배는 형식이 아니다. 예배가 설교하기 전 우리를 워밍업(warming-up)하는 준비 행위가 아니다(과거 그렇게 인식되던 때가 있었긴 해도). 회중은 매우 탈진한 상태에서 앉아 설교를 들을 수 밖에 없다. 그와 반대로 예배는 우리가 존재하는 이유의 핵심이다. 예배는 주일 아침 또는 어느날 저녁 특별 집회에서 땡하면 자동으로 이루어는 행위가 아니다. 예배는 생활 양식인 것이다.

이런 것이 새로운 원칙이라고 생각하는 사람은 오래 전의 찬송 시인 호레이티어스 보나르(Horatius Bonar)의 말을 들어 보라. ‘오, 여호와 나의 하나님, 나의 생활 구석구석을 찬송으로 채우소서.’ 월요일 아침의 나의 모습은 주일 아침의 나의 모습과 마찬가지로 나의 신앙 생활에 중요하다. 나의 아내와 자녀들에 대한 나의 모습은 내가 교회 목사님 앞에 어떻게 보이느냐와 마찬가지로 나의 예배 속의 하나님께 근본적(fundamental)인 것이다. 목사님이나 장로님이 지켜보고 점수를 매기지 않는 나의 가정에서의 나의 모습이 진정한 나의 모습인 것이다.

질문을 던지겠다. 여러 번 내 자신의 마음에 물어온 그런 질문이다. 가정에서 당신의 예배생활(worship life)은 어떤가? 나는 단지 당신의 기도생활(prayer life)만을 의미하는 것은 아니다. 그것도 한 부분이긴 하다. 혹은 하나님의 말씀을 읽는 것. 그것 또한 우리 영적생

활(spiritual life)의 중요한 부분이다. 한 교회 내에서 우리가 성령의
자유함(Holy Spirit liberty) 속에서 이루어지는 모든 차원의 활동 분
야에서 남들이 다 하니까 나도 쫓아 한다는 식으로 일한 경험이 얼
마나 많은가? 따라서 이런 것을 자문해 보아야 한다. 즉, 집에서 나
만의 시간 중에 하나님 외에 아무도 보는 이가 없는 가운데 하나님
앞에서 손을 들고 예배할 태세가 되어 있는가? 또한 듣는 이가 오직
하늘나라의 하나님 밖에 없는 가운데 목소리를 높여 기뻐할 수 있을
만큼 기대에 차 있는가? '주의 인자가 생명보다 나으므로 내 입술이
주를 찬양할 것이라. 이러므로 내 평생에 주를 송축하며 주의 이름
으로 인하여 내 손을 들리이다' (시편 63 : 3~4). 우리가 집에서 어떻
게 예배하는가가 실제 우리의 예배 생활인 것이다. 핵심을 벗어나면
광채 입음을 받지 못한다. 인도자 여러분, 당신이 사람들을 한 장소
에 모으고 예배의 경지로 이끌기를 소망한다면 당신은 틀림없이 예
배하는 자(worshipper)이다.

　예수님은 하나님께서 예배하는 자를 찾고 계신다(요한복음 4 :
23)라고 말씀하셨다. 그 말씀은 아마도 그런 사람을 쉽사리 찾을 수
가 없음을 뜻할지도 모른다. 그럼에도 아버지 하나님은 신령과 진정
으로(in spirit and truth) 예배할 사람을 찾고 계신다. 사람은 자기가
숭배하는 것을 택할 수 있다. 그러나 하나님께서 권능의 말씀으로
명하실 때에는 예배하는 방법을 선택할 자격을 잃는다.
　쉽게 말한다면, 우리 모두가 우리 생활에서 숭배(worship)하는 것
을 택할 수 있다. 어떤 사람에게는 밖에 세워 둔 차가 자랑과 기쁨이
되어 그것을 숭배한다. 나는 차를 푸대접한다. 자기 차를 숭배하는
사람이 있다. 정말 자기 차에 사랑과 헌신과 시간과 관심을 쏟아 붇
는 사람이 있다. 일단 자동차를 숭배의 대상으로 택하면 그것을 숭
배하는 절차를 실제로 밟아야 한다. 잡지를 사고 자동차 치장품 유
통 클럽과 단체에 가입하고 자동차에 내장할 홍락 장비를 사고 차를

빛나게 닦는 데에 에너지를 소모한다. 숭배물을 관리하기 위해 시간과 돈을 쓴다. 누가복음의 말씀(12 : 34) '너희 보물이 있는 곳에는 너희 마음도 있으리라'로 경고하신 것처럼 당신의 숭배 대상은 돈일지도 모른다. 당신은 곧 당신이 숭배하는 것을 택한 것이다. 꿈도 몇 원 몇 전으로 꾸며 돈이 생활에서의 강박 증세의 원인이 된다. 한 번 돈을 숭배의 대상으로 삼으면 그것을 유지하는데 필요한 절차를 밟는다. 시간과 관심을 많이 기울여야 하고 돈을 축적하기 위하여 많은 지출이 필요하다. 소유물의 축적은 그 자체가 우상숭배(idolatry)의 한 형식이다. 그래서 그런 일을 계속한다. 숭배의 대상을 택한다는 것은 곧 그것을 만족시켜야 한다는 것이다.

그러나 예수님은 '하나님은 영이시니 예배하는 자가 신령과 진정으로 예배할지니라'(요한복음 4 : 24)라고 말씀하셨다. 즉, 그렇게 해야 한다는 것이다. 그 외의 대안이 없다. 하나님은 우리 생활에서 높은 수준의 진실(truth) 즉, 하나님 앞에서의 진실을 찾고 계신다.

내가 좋아하는 테마는 다윗의 성막 회복이다. 성서적 이상(biblical vision)의 힘찬 추구는 예언적 예배의 회복(the restoration of prophetic workship)도 포함한다. 언약궤와 성전과 성막 회복의 시대는 위대한 영적 발전의 한 시대였다. 공허한 의식(ritual)은 활기찬 예배에 굴복하고 만다. 여러 가지 많은 악기가 등장한다(역대상 15장). 그때는 하나님의 백성이 큰 소리로 예배하던 시대였다(시편 98 : 4). 그들은 외쳤고(시편 47 : 10), 열심히 노래했고(시편 47 : 6), 즐겁게 노래했고(시편 63 : 5), 춤도 추었다(시편 150 : 4).

이러한 회복은 하나님에 대한 축하와 찬양 중에 선지자적 백성(a prophetic people)이 주도한 것이다. 찬양은 성령의 현재의 말씀(the present word)으로 채워졌다. 그것은 계시(revelation)로 충만했고 하나님의 마음(heart)으로 충만했다. 시편의 노래들은 모두가 그 시대의 풍요로움을 보여준다. 다윗의 성막 안에서는 예배를 가장 중요시했는데 그 때문에 하나님은 그 지혜와 지침과 권능을 내려 주셨다. 하나님은 나라를 영광과 능력으로 높이 세우셨고, 그 안에서 즐겨 다스리시고 자신을 나타내시고 백성을 승리에서 승리로 이끄셨다.

이런 것이 당신이 속하고자 하는 교회상이 아닌가? 그런 것이 당신이 되고 싶어하는 백성이 아닌가? 즉, 하나님이 지혜와 지침과 능력을 부어 주시고, 하나님이 사회에서 능력을 높이 세워 주시며, 또 하나님이 다스리고 증거하시며 승리에서 승리로 인도하시는 그런 백성이 아닌가?

슬프게도 세월이 감에 따라 악사와 노래하는 사람과 예언적 교역(prophetic ministries)이 사라졌다. 순수한 예배는 거의 모두 사라졌다. 얼마나 슬픈 일인가? 그 이유는 무엇인가? 인도하는 사람들부터 도덕적 종교적으로 쇠약해졌기 때문이다. 성서에서 가장 지혜로운 솔로몬과 가장 힘센 삼손에 관해 읽고 그 두 사람 모두가 도덕적으로 쇠약해져서 권능과 권세에서 추락하는 것을 읽는 것은 흥미롭다. 그러나 하나님은 또다시 아모스를 통하여 멸망한 폐허를 다시 세울 것을 말씀하셨다(아모스 9 : 11~15). 다윗이 다스리던 때에 번창했던 예언적 사역은 훨씬 큰 강도와 훨씬 광범위한 효력을 가지고 다시 나타나도록 예정되어 있다.

그 회복(restoration)이 지금 일어나고 있다. 우리는 회복의 시대에 살고 있다고 믿는다. '회복' 이 내부지향적 말씀(in-word)이 아니고 사실상 외부지향적 말씀(out-word)이기 때문이다. 시편 132장 13절을 읽어 보라. 시온은 이제 지리적 장소가 아니고, 우리가 자유롭게 예배하고 찬송하며 손을 들고 손뼉치며 많은 악기의 연주와 함께 춤추고 노래하는 즉, 어느 곳에서나 볼 수 있는 그런 사람들이 시온인 것이다. 정말 예언적 영(a prophetic spirit)이 우리에게 또다시 오고 있다.

그러면 왜 '실행적(radical)' 인 예언적 예배인가? 나는 'radical' 이란 우리가 이미 믿고 있는 것을 실행함을 뜻한다고 믿는다. 성경 말

씀에서 강조의 뜻으로 몇 번 나오는 말씀이 있다. '너희가 듣거든 그
것을 실행하라. 너희가 나를 사랑하거든 그것을 실행하라'(야고보
서 1 : 22~25, 요한복음 14 : 15). 문제는 무엇인가? 그것은 우리가
받고 있다고 말하는 계시에 비추어 사는 것이다. 우리는 자주 계시
로 가득 차 있으나 계시를 실천해 보이는 데는 좀 굼뜨다. 계시와 지
식과 이해는 그것을 어떻게 처리하느냐에 따라 더 큰 자유와 해방을
가져다주거나 아니면 더 큰 굴레에 묶이게 한다. 나는 레디컬하다는
것(to be radical)은 우리가 하나님 가운데서 이미 믿고 있는 것을 실
행하는 것이며 하나님이 들려주시는 것을 행동으로 옮기는 것이라
고 믿는다(야고보서 1 : 22~15, 마태복음 7 : 24~27).

예언적 예배는 예상되지 않는 예배이다. 나는 성도들이 시간에 따
라 예견되는 일들을 실제로 알아맞히는 집회들을 알고 있다. 성도들
은 장로들이 성찬식을 위해 앞으로 나아가면 12시라는 것을 안다.
왜냐하면, 과거에 항상 그렇게 했고 그렇게 할 것이고 영원히 그렇
게 할 것이라고 여기기 때문이다.

우리의 집회에는 예측성이 있었다. 심지어는 어떤 사람이 기도하
려고 일어나면 거기에도 예측이 있고 그 사람이 말하려는 문구까지
도 예측한다. 사람들은 전주에 또 그 전주에 말한 예언을 또 하려고
일어선다. 매주일마다 듣는 방언의 메시지가 있는데 너무 여러 번
들었기 때문에 다른 이들이 그 방언 메시지를 외울 정도다.

나는 매주일 아침 일어서서 '주여 내 생활에서 거미줄을 거두어
주소서' 라고 기도하는 사람에 관한 이야기를 들었다. 그 기도가 처
음 있었을 때는 아주 좋았다. 그는 몇 주가 지나서도 '주여 내 생
활에서 거미줄을 거두어 주소서' 라고 기도하고 있었다. 마침내 목
사님이 그것을 더 참지 못하게 되었는데, 성도들은 목사님이 언제쯤
그것 때문에 화낼 것이라는 것을 알고 있다. 그 사람이 드디어 그것
이 마지막이 될 줄도 모르고 일어서서, '주여 내 생활에서 거미줄을
거두어 주소서' 라고 하자 목사님이 벌떡 일어나서, '주여, 그 거미를

죽이시오소서'라고 말했다.

우리 예배는 예측이 가능하다. 같은 것을 되풀이한다. 히브리서 11장 6절의 말씀, '믿음이 없이는 기쁘시게 못하나니···' 예배하는 중에 우리의 믿음은 실제로 어느 정도인가? 우리는 항상 우리가 아는 테두리 내에서만 움직인다. 이런 예측성이 결국 예배를 망쳐 버린다.

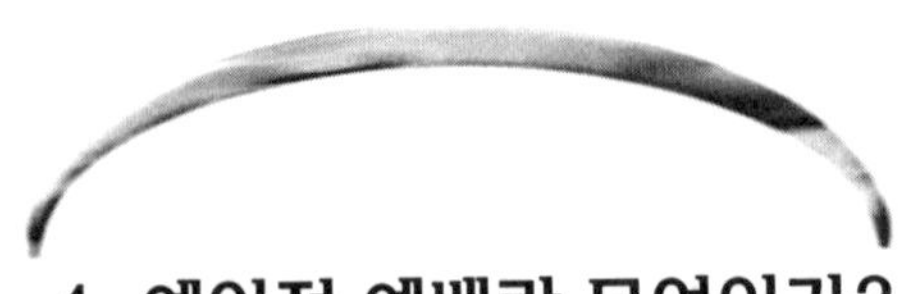

4. 예언적 예배란 무엇인가?
What is prophetic worship?

반드시 방향을 정해 놓고 계획하라. 우리는 약속이나 한 듯 '나는 성령의 역사를 기다립니다' 라고 하면서 모두 앉아 있게 될 수도 있다. 하나님은 아마 이렇게 말씀하실 것이다. '나는 너희가 먼저 움직이기를 기다린다'.

링컨에서 하는 것을 소개하겠다. 우리는 매주 모여서 전번 주일을 돌아본다. 누구나 자기 교회에서 목사님들과 그렇게 할 것이다. 지난번엔 잘 되었나? 지난번엔 무엇을 향해 가려 했나? 왜 거기에 도달하지 못했나? 우리는 생각해 본다. '우리가 만일 무엇인가를 변화시킬 수 있다면 과연 무엇을 변화시킬 수 있을 것인가? 라고 자문해 볼 수 있다. 이에 대한 예언이 그런 모임에서 가능할 것인가? 찬송가를 너무 많이 불렀나? 성도들에게 예배할 수 있는 기회를 충분히 주었나? 질문은 여러 가지일 수 있다. 보통 우리는 아무것도 변화시키려고 하지 않았다고 단순하게 말한다. 그리고는 그 다음 주일예배에 우리 자신을 미리 비춰 본다. 설교자인 우리는 당연히 여호와의 말씀을 전하라는 지시가 떨어지면 그 기회도 주어지는 것이라고 기대한다. 설교자들은 '아, 형제님, 오늘 하나님의 말씀을 전하시오' 라고 오분 전에 통보 받는 것을 좋아하지 않는다. 그러나 예배 인도자들은 흔히 집회 오분 전 통보를 받는다.

하나님은 예배 시간에 하기 싶어하시는 일들이 있으시다. '주여,

예배 시간에 주님의 백성 사이에서 하시고자 하는 일이 무엇입니까? 주님의 백성들이 필요한 것이 무엇입니까? 오늘 아침 백성들 속에서 성령께서 필요하신 것이 무엇입니까? 라고 하나님께 드리는 질문은 적절하다고 믿는다. 그것이 내가 하나님께 드리는 근본적 질문이다. 하나님 안에서 감동되기를 바란다던가 또 그런 수준의 신앙을 고집 한다던가 어떤 사람이 마이크를 잡고 부드러운 목소리로 '하나님 앞에서 조용히 합시다. 그분이 하나님이심을 인정합시다' 라는 말을 하는 등의 상황은 최악이다. 그 사람이 하는 말이 옳기는 하나 말할 때를 잘못 잡았다는 것은 다 아는 사실이다. 사람들이 시간을 잡고 하나님과 조용히 있어야 할 때가 있다. 일반적으로 우리는 조용함을 대단히 두려워한다. 우리는 영적인 장막을 꺼내서 고요함을 막고 그것을 채우려고 한다. 어떤 사람은 합창을 생각한다. 우리는 합창이 필요 없는 시간이 있다. 누가 일어나서 기도하는 것이 필요 없을 때가 있다. 우리는 '여호와로부터의 말씀' 이 필요치 않은 시간이 있다. 나는 어떤 때는 '···라고 하나님이 말씀하신다' 라는 예언성 말을 듣는데 하나님은 머리를 저으시며 '아니다. 나는 그렇게 말한 적이 없느니라. 나를 빙자하지 말지어다' 라고 말씀하신다.

최근에 어떤 사람이 모든 것이 악마와 호르몬 때문이라고 사무실에서 말했다. 나는 하나님이 책임져야 할 일이 아닌데도 하나님에게 책임이 전가된다는 생각이 든다. 하나님은 많은 일을 행하시며, 말씀하신다. 하나님이 백성들 마음속 깊은 곳에서 일하시는데 어떤 때는 우리가 나서서 백성들의 귀를 혼란시킨다. 그렇게 해서 하나님이 이미 큰 일을 하시는 중에 우리는 백성들의 귀에 말을 채워 넣으려고 한다. 우리는 시간을 내어 하나님께 근본적인 질문을 할 필요가 있다. '주여, 오늘 아침 주님의 백성들을 위해 하셔야 할 일이 무엇입니까? 그것은 지난 주일과 다를 수도 있다.

예견되지 않은 예배 (Worship that is not predictable)

예언적 예배란 신선하고 참신한 예배이다. 어떤 특정 노래를 지난 주에 불렀는데 그 안에 하나님이 움직이고 계셨다. 그래서 무슨 일이 벌어지나? 다음주 제일 먼저 부르는 노래가 바로 그 노래다. 사람들은 지난주의 축복을 다시 잡으려 한다. 하나님은 이렇게 말씀하신다. '아니다. 지난번엔 내가 그 안에 있었지만 이번엔 다른 일을 하겠노라.' 이사야 43장 18~19절 말씀을 보자. '너희는 이전 일을 기억하지 말며 옛적 일을 생각하지 말라. 보라 내가 새 일을 행하리니 이제 나타낼 것이라 너희가 그것을 알지 못하겠느냐' 그러나 우리는 경험을 재생시키려는 습관의 동물이며 어쩌면 경험을 날조하기까지 한다. 하나님은 신선하고 참신하고 열린 마음 열린 생각 열린 정신을 가지고 그 앞에 나오는 자를 기다리신다.

계획에 대해 다시 언급해 보겠다. 계획이 없다면 문제에 봉착할지도 모른다. 그러나 지나친 계획은 위험성이 있다. 지나친 계획은 문제가 될 수 있다. 우리 고장에서는 주님께 우리가 어떻게 출항하기를 바라시느냐고 묻는다. 출항이라는 분명한 말을 써서 그것을 생각해 본다. 요트일지 보트일지 거룻배일지 또는 다른 것일지 항해에 관해 잘 모르나 한 가지 아는 것은 바람을 받으려면 돛을 올려야 한다는 것이다. 그것이 근본적(fundamental)인 것이 아닌가? 집회를 시작할 때 출항을 알린다. '주여, 주님의 성령을 불어 주옵소서. 주여 우리는 이제 막 우리 마음을 이 주제(theme)에 대한 말씀으로 쏘려 합니다.' 하나님께서는 '옳거니, 내가 오늘 여기서 할 일이 있구나' 라고 말씀하신다. 바람이 불 때에 하나님이 '이제 너희가 저 방향으로 가기를 내가 바라노라' 라고 말씀하시면 우리는 가기만 하면 된다. 우리는 자유롭고 유연하다. 나는 가끔 규모가 큰 경축집회(celebration gatherings)에서 사람들이 시속 100마일 속도로 달려야 하는 것처럼 생각하는 것을 보면 무섭기까지 하다. 그래선 안된다.

경축집회에서도 하나님이 우리를 여러 방향으로 인도하시도록 정숙해야 할 필요가 있다. 우리는 경축집회는 높은 소음과 고속으로 질주해야 한다는 고정관념을 가지고 있다. 그렇지가 않다. 경축집회도 하나님이 우리들 가운데 역사 하시는 한 장소일 뿐이다.

내가 세틀랜드에 갔을 때 밤 11시에 집회하는 중 반시간의 정적이 있었다. 그것은 살아있는 정적이었다. 생동감이 있었다. 하나님이 사업을 하셨고 사람들은 하나님과의 사업을 하였다. 나는 그것을 평생 기억하게 될 것이다. 한 여인이 처음으로 아름다운 음성으로 하나님께 노래를 시작했다. 다른 사람이 동참했고 또 다른 사람이···그 하나님 찬양의 노래는 장내를 돌아 마침내 모든 회중이 부르게 되었다. 거기엔 예견성(predictability)이 없었다. 기획(planning)도 없었다. 그것은 성령의 움직임이었다. 그러나 우리는 출항 준비는 해야 한다. 준비는 하되 성령이 임하시도록 해야 한다.

우리는 신선(fresh)해야 한다. 새로워야(new) 한다. 하나님 앞에 우리의 태도가 신선해야 하고 우리의 소망이 신선해야 한다. 나는 동기(motives)가 옳다는데서 훌륭한 신자이다. 동기는 결과에 대해 근본적(fundamental)인 것이다. 우리가 막아야 할 것 중의 하나가 무기력(lethargy)이며 또한 하나님의 백성에게 쉽사리 스며드는 무감각한 영(spirit of apathy)이다. 이러한 피로 증세(tiredness)가 엄습할 때는 우리는 성령의 신선함(freshness of the Spirit)같은 무엇인가가 역사 하시도록 집례(minister)해야 할 필요가 있다.

그것이 어디서 오는 것일까? 무엇이 무감각 증세를 일으키며 성령의 신선함은 어디서 오는 것일까? 그것은 우리 기대(expectation)의 정도에 따라 발생한다. 당신이 주일 아침에 당신의 성도와 만날 때 무엇을 기대하는가? 내가 들어가 앉기 전에 음악이 연주되기를 기대한다. 나는 목사님과 장로님들이 와 있을 것으로 기대한다. 나는 목사님이 일어서서 우리를 인도하기 시작할 것이라고 기대한다. 나는 찬송가를 부를 시간이 있을 것이고 아마도 성령 안에서 찬송가를 부르기 시작할 것이라고 기대한다. 당신은 아마도 당신이 기대하는 것을 거두게 될 것이다.

그런데 우리가 의심하고 있을 때 성령 안에서 찬송(sing in Spirit)하는 것을 본 일이 있는가? 거기에 문제가 있다. 이것은 마치 '다음 부를 곡명이 분명해질 때까지 어떻게 하나요? 성령 안에서 부릅시다. 연주자 여러분, 음조를 정확히 하세요. 누군가 적절한 찬송가를 감동적으로 찬송할 때까지는 이 상태로 하겠어요' 라고 말하는 것과 진배없다. 나는 비꼬자는 것이 아니다. 실제로 이런 일이 벌어진다. 이런 상황에 우리는 빠져 있다. 우리는 실제로 아름다운 노래를 사용하는데, 그것을 오용하고 있다.

나는 차라리 새로운 노래를 잘 이해하고 실제로 하나님께 찬송하는 시간이 있었으면 한다.

왜냐하면, 그것이 성령 안에서 찬송가를 부르는 것보다 어렵기 때문이다. 때때로 성령 안에서 찬송한다는 것은 하나의 허위이다. 주위의 다른 사람들의 음과 가사를 정확히 듣는 가운데 하나님 앞에 서서 '주여, 당신은 거룩하십니다. 당신은 놀라우십니다' 라고 찬미하는 것이 훨씬 더 어렵다. 하나님은 우리가 알아들을 수 있는 말로 새로운 노래를 부르기를 기다리신다. '··· 내가 영으로(with the spirit) 찬미하고 또 마음으로(with the understanding) 찬미하리라' (고린도전서 14 : 15). 하나님은 우리들로부터 새 노래를 찾고 계신다. 새 노래는 어떻게 생겨날까? 새 찬송가는 하나님 안에서 끊임없이 새로워진다는 것이 무엇인지 아는 마음에서만 생겨날 수 있다.

내가 워크숍을 하고 있다면 '그래요, 우리 찬송가를 불러요. 그 다음에 하나님께 새 찬송가를 불러요. 우리는 성령 안에서(in the Spirit) 찬송하는 것이 아니고 이해하는 마음으로(with the understanding) 찬송할 거예요. 우리가 하나님께 무얼 말씀드리는지 분명히 알고 말씀드릴 수 있도록 우리가 아는 말로 하나님을 거룩하게 해야 하는 거예요' 라고 할 것이다. 결국에는 우리말이 부족할 때가 올 것이다. 말만으로는 결국 하나님에 대한 우리의 감정을 표현한다는 것이 부적절하게 된다. 당신이 앉아서 아내에게 사랑한다고 말할 때 한때 써 봤던 어색한 표현은 다시 안한다. 그대신 ‘당신을 사랑하오. 당신 참 훌륭해. 오늘 저녁 나한테 만들어 준 음식 말이요 고마웠어. 오늘 그 당신 머리 모양이 좋은데’ 라고 말한다. 우리가 이해하는 말로 아내에게 고마움과 사랑을 표현할 수 있는 길은 많다. 그런 것이 의미가 있는 것이다.

한 달에 한 번 나는 회중 가운데 앉는다. 우리 주위에서 일어나는 일을 다른 각도에서 알 수 있기 때문에 나는 성도석에 앉기를 좋아한다. 어느땐가 시련을 겪고 있는 외짝 부모인 한 자매님 옆에 서게 된 일이 있었다. 그녀는 경제적으로 어려웠고 집안에 병자가 있어서 매우 어려운 상황에 있다는 것을 금방 알았다. 예배 시간 중에 나는 그 가냘프고 아름다운 목소리가 노래하는 것을 들었다. ‘주여, 주님을 사랑합니다. 주여, 저의 생활에 주님이 이루어 주신 모든 것을 주님께 감사합니다. 주님은 참으로 친절하십니다.’ 그것은 정말 내 마음을 흔들었다. 나는 그 노래가 하나님의 마음에는 어땠는지는 알 도리가 없다. 그것은 그녀의 환경에는 어울리지 않으나 하나님과의 마음의 교제(a heart-relationship with God)에서 우러나오는 것이었다. 그녀 자신이 알고 하는 것이기에 나에게도 감명을 주었다. 나는 ‘주여, 이 자매가 이렇게 찬송하는데 나는 얼마나 더 잘 할 수 있겠습니까? 주님, 저에게도 친절을 베푸소서’ 라고 기도했다. 이때에 나의 영에 무엇인가 떠오르는 것이 있었다. 우리는 이해하면서(with the understanding) 찬미해야 한다. 그러나 케리 존스(Keri Jones)가 그의 노래에서 말하듯 ‘영의 깊은 곳에서 하나님께 노래’ 할 때가 있다. 우리들 안에 계신 성령이 그 보좌 앞에서 말씀하실 때 우리는 표현의 지식이 부족할 때가 올 것이다.

그러나 신선하고 새로워지자. 찬미의 표현에서 창조적이 되자. 내가 어느 주일 아침 10시 30분 거실에서 아내를 의자에 앉히면서 말한다고 상상해 보자. '여보, 당신한테 할 말이 있어요. 나 당신을 사랑해요. 고맙고 당신은 정말 훌륭해요. 당신 마음에 축복을 비오' 라고 한다면 그녀는 처음에는 나에게 미소지으며 아마 이렇게 말할 것이다. '어머, 고마워요 당신. 참 멋지셔요' 라고. 그러나 다음 주일 아침 10시 30분에 '여보, 시간 됐네. 사랑해 여보. 당신이 훌륭하다고 생각해요. 축복을 비오' 라고 하면 그녀는 미소는 지을 것이나 약간 찡그린 얼굴로 말할 것이다. '고마워요. 친절하시고요. 당신 괜찮으세요?' 셋째 주일날, '시간 됐어요, 여보. 앉아요' 라고 말하면 그녀는 '싫어요, 안 앉아요' 라고 할 것이고, 나는 '왜 그래요. 당신을 사랑하고 고맙다고 말할 시간인데' 라고 할 것이다. 그녀는 '할 줄 아는 말이 그것뿐이에요?' 라고 할 것이다. 여러분은 내가 말하는 뜻을 알 수 있을 것이다. 우리 하나님 앞에서 창조적이 되자. 하나님 앞에서 마음으로 창조적이 되어 사랑과 고마움을 표시하자. 신선해 지자. 예배 생활에서 새로워지자. 감사 표시를 함에 있어 새로워지자.

당신 생활 중에 하나님께 '결코' 라고 말하게 한 것이 무엇인지 생각해 본다. 하나님은 당신이 '결코' 라고 한 그 점에서 당신을 보고 계시며 또 그 점들이 당신 인생에서 도전의 쟁점이 되도록 하시는 습성이 있으시다.

무리엘 셸본은 신체적으로나 기질적으로 존과 완전히 대조적이다. 그 두 사람은 아주 다르다. 그런 사람들이 어떻게 한 집에서 사는지 믿을 수 없을 정도다. 그녀(무리엘)는 아주 작고 조용한데 그 남편은 정반대이다. 몇 일 전 무리엘이 하나님 앞에서 이렇게 말한 적이 있다.

'주여, 제가 언제 하나님께 '결코' 라고 한 적이 있었나요?'
하나님은 '네가 물으니 말인데 그런 게 있었지' 라고 말씀하셨다.
'주님, 그게 무엇입니까. 저는 그 '결코' 를 주님께 반납하겠습니다.'

'무리엘아, 네가 내 앞에서 결코 춤을 추지 않겠다고 했다.'

'네, 참 그랬지요.'

그녀가 그 다음 뭘 했을까? 그녀는 16살 먹은 아들을 불렀다. 신을 벗어 던지고 '웃지 말아라, 애야. 코러스를 하나 부르는데 빠르게 불러 봐라.' 그 열 여섯 짜리 아들의 반응을 상상해 보라. '잠자코 웃지 말고 어서 노래나 해. '주님이 기뻐하시며 백성을 인도하셨다 '를 불러라.'

'알았어요, 엄마.' 아들이 노래를 했다.

'그게 아니고, 더 빨리 해봐.' 그녀가 말했다.

아들이 노래를 시작했다. 놀랍고 어처구니없게도 어머니는 부엌을 도약하며 돌았다. 아들은 나중에야 어머니가 하나님께 복종하려는 마음이 있었음을 알았다. 그녀는 끝날 때쯤에 제정신이 들어 '하나님 보셨지요?' 라고 했다.

'그래, 보고 있었다. 그런데 일요일 아침엔 어찌하겠느냐?

'하나님, 그건 약속에 없었어요. 제가 드린 약속은 '결코'를 반납한다는 것이었잖아요.'

하나님이 말씀하셨다. '그래, 그러나 부엌 속에서 은밀하게 한 것은 부담 가는 게 아니지 않느냐. 주일 아침이다 무리엘아. 교회 모든 사람이 보는 앞에서 해라. 내가 기다리마.'

무리엘에게 다행스럽게도 그것은 조용한 집회였다. 부드러운 예배였다. '하나님, 하려고 했어요. 하려고 했다는 것을 아시잖아요. 준비도 했었고요, 하나님.' 집회는 끝났는데 어떤 사람이 일어나서 말했다. '집에 가기 전에 찬송가를 불러야 한다고 생각합니다. "우리는 기쁘게 나아가자 · · ·"

무리엘이 생각했다. '맙소사. 다 끝났는줄 알았는데.' 노래는 시작되었고 그녀는 맨 뒤에서 뛰기 시작했다.

하나님은 그녀에게 도전하셨다. 누가 너에게 뒤에 있으라 했느냐? 아무도 너를 볼 수가 없구나. 계단으로 들어서서 앞으로 나가거라.'

그래서 그녀는 뛰고 춤추며 계단을 내려갔다. 그런데 무슨 일이 일어났을까? 그 교회 다른 사람들은 남이 추니까 자기는 추지 않아도 된다는 핑계를 삼고 있었다. 그런데 갑자기 그 핑계가 무너지면서 몇 사람이 풀려 나와 하나님 안에서 새롭게 태어났다. 우리가 어떤 모습이냐에 따라 다른 사람들에게 영향을 주어 우리가 어떤 차원의 자유로 들어가고 못 들어가고 한다는 것은 놀라운 일이다(시편 116 : 14, '여호와의 모든 백성 앞에서 나의 서원을 여호와께 갚으리로다').

따라서 우리는 신선해야 할 필요가 있다. 우리는 우리의 예배에서 참신해야 할 필요가 있다. 당신은 자신도 모르게 하나님 앞에 무릎을 꿇고 예배의 시간으로 들어가 본 적이 있는가? 그것은 집회에서 만들어 내는 것이 아니다. 그저 일어나는 것이다. 아무도 '우리 무릎 꿇읍시다' 라고 하지 않는다. 하나님이 우리로 하여금 새로운 표현의 예배로 인도하시기 때문에 생기는 일이다. 신선해지자. 새로워지자.

선명한 초점 (A clear focus)

나는 우리가 예배할 때에 초점을 선명하게 맞추어야 한다고 믿는다. 예배에는 많은 투자가 필요하다. 다윗은 값을 치르지 않은 것은 여호와께 바치지 않겠다고 말했다(사무엘하 24 : 24). 우리들 중의 많은 사람들이 매주일 이것을 어긴다. 우리는 값을 치르지 않은 것을 여호와께 가지고 온다. 투자의 한 가지는 집중이라는 값이다. 인도자의 위치에 있어서 회중을 둘러볼 수 있는 사람은 많은 성도들이 집중이라는 것에 문제가 있음을 안다. 우리의 집중력을 목하 진행 중인 찬송과 예배 안으로 이끄는 것도 투자이다. 당신은 사람들의 두뇌(brains)가 기어가 빠져 있다는 것을 볼 수 있다. 손뼉은 치고 있으나 머리 속에서는 아무것도 이루어지지 않고 있다는 것을 안다. 찬송가를 부를 때 집중이 모자란다던가 넥타이 모양이라든지 저녁

상과 같은 다른 일에 가 있기가 쉽다는 것을 안다. 하나님께 찬송하고 손뼉치며 찬미하면서도 우리의 생각은 어디론지 가 버리기가 일쑤다.

아이들이 어렸었을 때 그들이 잠자리에 들었을 때처럼 나에게 좋은 시간이 없었다. 모든 부모가 그점을 알 것이다. 나는 토요일 저녁 아이들이 잠들고 아내와 같이 긴 의자에 앉아 코코아 같은 것을 마시며 그날의 오락 게임이 방영되기를 기다리던 토요일 밤을 참 좋아했다. 그런 시간엔 즐거움에 팔을 둘러 아내를 껴안기도 했다. 그러면 아내는 고무되어 나에게 다가앉곤 했다. 첫번째 게임이 시작되기 전에 그녀의 볼에 입맞추곤 했다. 그녀는 '텔레비전에 집중하던지 나한테 집중하던지 하세요' 라고 말한다. 사랑의 관계에서도 어느 수준의 집중력이 필요하다. 나의 아내는 내가 한 눈은 감고 한 눈은 화면에 가 있는 것을 보는 것처럼 기분 나쁜 일이 없다고 불평했다. 진지하게 말해서 하나님이 이렇게 말씀하실 때가 있다. '너희들 나에게 온 정신을 기울여라. 나에게 집중하거라'

당신은 예배와 찬송에 얼마나 집중하고 있는가? 당신은 생각과 집중력을 복정시켜 온 정성을 하나님께 집중하는가? 중요한 것은 당신이 진심으로 예배하는 것이 하나님을 뵙게 되는 유일한 길이다. 이사야는 보좌에 오르신 여호와 하나님을 보았다. 하나님은 지고하시고 높이 모셔졌으며 그 옷자락은 성전을 채웠다. 그때에 천사들은 창화하여 외쳤다. '거룩하다, 거룩하다, 거룩하다, 여호와여' (이사야 6 : 1~3).

이사야가 여호와를 뵀을 때 그는 자신을 좀 더 명확히 파악하였으며 그의 세대를 좀 더 명확히 파악하였다. '주여, 나는 입술이 부정합니다. 나는 여호와 당신을 보았습니다. 나를 보십시오. 주여, 당신을 보았습니다. 내가 사는 이 사회를 보십시오. 나는 그들을 주님의 보좌에 비추어 볼 수가 없습니다.' 이와 같은 계시는 우리들로 하여금 절망과 심각한 비탄에 빠지게 할 수 있으며, 반면에 그런 모양의 환경을 즐기려는 사람도 있을 것이다. 그러나 하나님은 이사야를 그대로 놓아두지 않으셨다. 하나님은 '내가 네 문제를 알고 있느니라. 해결해 주마.' 그리고는 하나님은 불 속에서 숯을 꺼내어 그의 입술에 대셨다.

모든 문제에 하나님은 처방과 비결이 있으시다. 주일을 거듭하면서 자책의 늪에 빠져 회중에 앉아 있는 사람이 많다. 그들은 자신들의 비애를 즐기며 비애 속으로 되돌아간다. 하나님의 뜻은 우리가 그런 상태에 머물게 하려는 것이 아니다. 하나님의 목적은 우리가 그 보좌를 바라보고 죄씻음의 계명(the provision of cleansing)을 알도록 하는 것이다. 이사야는 어떻게 되었는가? 그는 일찌기 경험하지 못한 응답을 받았다. 하나님은 말씀하셨다. '보아라, 너는 이 세대에 살고 있다. 나는 사자가 필요하니라. 내가 누구를 보낼꼬?' 이사야는 그가 본 것으로 말미암아 운명적인 사명감이 그의 인생에 찾아 드는 것을 느꼈다. 당신은 당신의 인생에서 진정한 운명적 사명감을 느낀적이 있는가? 혹시 당신은 하나님을 뵙지 못했는지도 모른다. 당신은 하나님의 음성을 듣고, '주여 내가 여기 있나이다. 나를 보내시오소서.' 라고 응답한 일이 있는가? 진정으로 집중된 예배의 궁극성이 무엇인지 아는가? 그것은 하나님을 위한 삶에 초점이 맞추어진 생활이다. 바울은 말한다. '그러므로···너희 몸을···산 제사로 드리라' (로마서 12 : 1).

명확한 방향 (A clear direction)

교회 집례(church service)가 영적인 빙고 게임을 조금 닮았음을 알고 있는 사람들이 참으로 많다. '찬송가 몇 장을 부를까? 44장? 44장을 부르겠습니다. "주님이 내 손을 잡으시니 주님이···". 그래, 훌륭했어. 몇 주 동안 안 불렀었지. 훌륭했어. 44장 감사도 해라. 또 무얼 부르나? 66장. 좋은 노래야. 우리 어머니가 좋아하시던 거지. "해뜰 때부터".' 다음에 72장 그리고 135장. 이렇게 영적인 빙고 잔

치를 한다.

'우리는 이제 그런 일은 안할 것이다' 라고 할 때가 되었다. 맞다. 왜? 이젠 곡명 알아맞히기 게임으로 바꿨으니까. 우리는 코러스를 절반을 부르면서도 그게 무엇을 뜻하는지 모를 때가 많다. 모르는 채 메들리 싱어롱(medley sing-along) 형식의 예배에 빠져들어 그 노래의 음조와 박자만을 염두에 두고 코러스를 이 곡 저 곡을 이어 부른다.

우리는 예배 특히, 주제에 초점을 맞춘 예배에 집중할 필요가 있다. 내가 '영혼의 계절(the seasons of the soul)' (전도서 3장)이라고 부르는 많은 사람들에게 말씀하시는 하나님을 나는 믿는다. 교회는 하나님이 한 가지 일에 대하여 주일에 주일을 거듭하여 오랫동안 되풀이해서 잔소리하시는 세월을 겪게 된다고 나는 믿는다. 실행파(a radical)라고 할 수 있는 카를로스 오르테스(Carlos Ortez)는 한 과제(subject)를 가르친 후 그 전개와 적용이 가능하려면 많은 시간이 소요된다고 믿기 때문에 교회는 일 년에 세 개의 과제 이상을 계획해서는 안된다고 말하고 있다. 교회가 진실하고 실질적으로 교훈을 주는 생활을 할 때에야 비로소 그 다음 주제(theme)로 넘어가는 시간을 가져야 한다는 것이다. 안타깝게도 우리가 응답 받은 그 진리가 일상 생활 속에 효험 있는 한 부분(a relevant part)으로 자리잡기도 전에 우리는 그 다음으로 옮겨간다.

성령은 교회가 존재하는 동안 알맞은 때에 적당한 주제와 적당한 과제에 관해 말씀하려 하신다. 하나님이 링컨의 우리들에게 주신 코러스는 하나님이 그 당시 하나의 교회인 우리들에게 주신 말씀과 동행하려는(to flow with) 소망 때문에 시작되었다. 하나님은 그때 교회로서의 우리들에게 말씀하셨다. 우리는 노래 부르기를 위해 노래를 부른 것이 아니다. 우리는 성령이 우리를 목표해서 보내 주신 것들을 보강하는 노래를 부르길 바랬다. 따라서 하나님이 예를 들어 여호와의 위상에 관해 말씀하시면 하나님은 그 여호와 되심을 증거하는 노래를 보내 주셨다. 우리의 성서교육자 존 필립스(John Philips)가 성령의 역사에 관한 아름다운 가르침과 성령의 예표론을 개진한 시절이 있었다. 그 일련의 가르침 끝에 하나님은 나에게 '성령이시여, 뜻대로 오소서' 라는 찬송가를 내려 주셨다. 존 선생이 이야기했던 하나 하나를 결정(結晶)하는 몇 줄의 구절이 있다. 하나님이 주신 이 노래를 우리는 교인들에게 가르쳤다. 결과가 어땠을까? 그들은 그들이 배운 진리를 노래하기 시작한 것이다.

우리가 우리 입으로 전파하는 일들, 노래하고 이야기하는 일들이 우리 생활의 일부가 된다. 당신은 성경 말씀을 근거로 한 노래로 말미암아 얼마나 많은 성경 구절을 알게 되었는가? 하나님은 우리에게 그 가르치심과 일치하여 흐르는 노래들을 보내 주셨다. 우리는 성령이 어느 특정한 시간에 말씀하시는 바로 그것에 집중할 줄 알아야 한다. 엉뚱한 방향으로 빗나가서는 안된다. 그것은 당신의 교회에서 하나님이 백성에게 여호와의 '이 시각의 노래(now-song)' 즉, 하나님께 주파수를 맞춘 노래들을 가져다주는 찬송가(hymn)의 작가를 더 많이 양성하실 것을 의미할지도 모른다.

지금 우리가 링컨에서 배우는 것은, 우리가 노래로 부르는 내용들이 실질적 경험으로 투사되어야 한다는 것이다. 바로 그것이 예언의 모든 것이다. 그것은 실천되어야 할 여호와의 말씀이시다. 이것이 의욕적인 생각이 아닌가?

당신 교회에서 지난 주일 하나님으로부터 격려의 말씀이 있었던가? 하나님이 무엇을 말씀하셨는지 기억이 나는가? 우리 거의 모두가 저녁을 먹고 나면 하나님이 하신 말씀을 잊어버린다. 놀라운 일이 아닌가? 그것은 우리가 말씀을 마음속에 즐거이 받아들이지 않고 우리 실생활에 응용할 필요가 있는지를 살피지 않기 때문이다. 하나님이 바로 지금 링컨의 우리에게 강화토록 하시는 것이 있다면 그것은 여호와의 성호를 만물의 위로 높이는 것이다. 최근에 우리는 하나님의 힘찬 약진을 알았다. 우리들 사이에서 어떤 천상의 일이 벌어졌다. 어떻게 그런 것이 일어났나? 그것은 여호와의 성호를 모든 다른 이름 위에서 찬란케 하려는 우리의 결의에서 시작되었다.

그러나 우리는 거기에서 그치지 않았다. 우리는 그것에 반대하는 모든 다른 이름을 거명했다. 따라서 우리는 '무감각(apathy)'이란 이름을 불러내어 여호와의 성호를 그 위로 높였으며, 또한 '무기력(lethargy)'이란 이름을 불러 그 위에서 여호와의 성호를 찬미했다. 우리는 '두려움(fear)'이란 이름을 불러 여호와의 성호를 그 위에서 찬송했다. 우리는 질병과 암의 이름을 불러 여호와의 성호를 그 위에서 존귀케 했다. 우리는 가끔 환경이 우리의 영을 통제하고 지배토록 허용하고 있다. 사람들이 살아가는 중에 두려움(fear)이 마음과 상상력을 사로잡아 그것이 실제로 그들의 생각을 지배하는 상황이 벌어진다. 우리는 그것을 바로잡아 하나님의 이름을 높여야 한다. '모든 생각을 사로잡아 그리스도에게 복종케 하라'(고린도후서 10 : 5). 하나님은 그리스도의 이름에 모든 권세와 모든 권능을 부여하였다.

그 주일 아침에 우리는 굉장한 역사가 일어나는 것을 목격했다. 우리는 사람들이 치료받고 또 다른 사람들이 성령 안에서 세례 받는 것을 보았다. 새로운 세계로 방면되어 하나님 안에서 자유케 된 사람들이 있었고, 그 주일 아침 예배 중에 구원받은 사람들이 있었다. 그것은 우리가 하나님을 높여 찬양했기 때문이다. 실행적 예배(radical worship)는 우리가 실제로 입으로 믿는다고 하는 것을 실행하는 것이다. 내가 예측성에 관해, 신선함에 관해, 집중에 관해 함께 알아본 이러한 것들을 우리는 믿는다. 그러나 우리는 또 곁길로 들어서 다른 것들에 빠지게 된다.

어느 주일 저녁 나의 교회에서 우리는 '보라, 내가 신선한 하나님 여호와이니라. 내가 못하는 일이 있더냐?'란 노래를 불렀다. 나는 도중에 멈춰 무엇이 힘들고 무엇이 문제이고 무엇이 어려운지를 물어보았다. '왜 아무것도 어렵지 않으신 만민의 하나님이신 그분께 맡기지 않습니까? 라고 나는 물었다. 그 다음 있는 증거에서 여러 가지가 거명되고 확인되고 만민의 하나님께 맡겨 고침을 받았으며, 그 계시로 말미암아 하나님의 성호가 올바로 조명되었다. 하나님이 못하실 정도로 어려운 일이 있는가? 이것이 우리가 점점 깊이 들어가야 하는 예언적 예배의 경지이다.

나는 내가 가려운 몇 부분을 긁었다고 확신한다. 나는 몇 군데 상처 부위을 절개하고 몇 가지 우리가 이해하고 있는 것을 공개했다고 생각한다. 그러나 나의 마음은 예배하는 자가 되는 것에 고착되어 있다. 왜냐하면 그것이 아버지 하나님이 찾고 계신 것이기 때문이다. 나는 나의 아버지 하나님을 기쁘게 하길 원한다. 나는 그분을 높이 모시기를 원한다. 그러므로 아버지 하나님의 마음을 기쁘게 하는 무거운 책무가 나와 당신 어깨에 놓여 있다.

나는 당신이 하나님이 무엇을 말씀하시는지 듣기를 바라며, 내가 언급한 편린 같은 것들이 당신의 마음속에 어지럽게 흩어져있지 않기를 바란다. 우리 모두가 함께 모여 같은 일들을 듣고 읽으면서 다른 방향으로 듣고 이해할지도 모른다. 우리가 말하는 것을 사실과 달리 비약하여 생각하기가 쉽다. 그것은 마치 어느 집회에서 한 나이제리아인이 난생 처음 일어서서 서툰 기도를 했던 것과 같다. 그는 '주여, 주님은 신성하십니다.' 하고는 막혔다. 어느 동정적인 사람이 대신 공백을 메꾸었다. '할렐루야, 하나님께 영광을 돌립니다. 하나님은 위대하시며 지고하시며 거룩하십니다. 오, 위대하신 하나님 만군의 여호와 하나님.' 그는 이에 고무되었고 용기가 나서 다시 시작했다. '주여, 우리는 가지입니다.' 잠시의 공백 시간에 결론을 서두르지 말아야 한다.

정직과 성실 (Honesty and sincerity)

하나님은 위선적 찬양을 원치 않으신다. 하나님에게 입에 발린 소리는 필요 없다. 하나님은 깨끗한 마음과 의로운 정신과 내적인 기쁨이 회복되는 자를 찾으신다(시편 51편). 우리 마음의 상태가 찬송하는 일에 핵심이 된다. 가식은 하나님을 기쁘시게 할 수 없다. 마음과 생각이 일탈하여 멀리 있거나 기껏해야 무심한 상태이면서 하나님 앞에서 회열을 느끼는 것처럼 보인다 해도 그것이 전적으로 하나님을 기쁘시게 할 수는 없다.

진실은 예배함에 있어 가장 중요한 것이다. 아버지 하나님은 진실을 찾으신다. 겉으로는 사랑을 다하는 것 같으나 속으로는 위선으로 죄짓기보다는 마음이 내키지 않음을 정직하게 인정하는 편이 훨씬 낫다.

어떤이가 언젠가 하나님은 친구와 같다고 말했다. 그는 하나님이 말을 걸어 주시는 한 사람들이 자기에게 말을 걸지 않는 것을 개의치 않는다. 당신의 실제적 상태 그대로를 말하라. 예배하고자 하는 의향을 천명하라. 나는 하나님께 바치는 적극적 행위인 찬송과 영광을 드림으로써 우리의 영 깊숙한 곳에서 무엇인가가 새로워지고 다시 불붙는 것을 경험했다.

반 응 (Responsiveness)

인도자 여러분은 회중 앞에 서서 그들이 당신과 함께 하지 않는 것을 볼 때 그것이 어떻다는 것을 안다. 그들이 반응하지 않는다면 그것은 견디기 힘든 일이다.

만일 당신이 앞에 서있는 인도자가 아니라면 인도자인 그들을 격려하라. 지도자에게 반응을 보여라. 그것은 힘들이는 일이 아니다. 그러나 대부분의 설교자들이 알고 있는 리더십의 차원이 있다. 때때로 감동과 기름 부음을 찾아 볼 수 없어 처음부터 새로 시작해야 하는 집회가 있다. 그러나 당신은 하나님 밑에 있는 사람, 기름부어진 사람이므로 그 기름 부음의 사역을 해야 한다. 그것이 리더십의 직분이다.

구역 인도자는 사람들이 반응하도록 권면할 수 있다. 만일 당신의 교회가 무기력증에 빠져 있다면 당신의 인도자 외에 나무랄 사람이 없다. 만일 당신의 교회가 무감각 상태에 빠져 있다면 인도자를 바라 보라. 교회에서 비판이 일고 있다면 인도자들을 쳐다 보라. 성도들은 인도자들이 만들어 놓은 것을 거울처럼 비춘다. 인도자는 여러 가지의 정신과 취할 바 태도를 성도들에게 공급한다.

나의 세쌍둥이가 성인(聖人)이 아니면서 어릴 때부터 하나님께 반응하는 것을 나는 기뻐했다. 예배 테이프를 틀어 놓으면 방 안을 돌며 춤추고 손을 쳐들고 노래하고 손뼉치곤 했다. 그들은 또한 텔레비전으로 방영되는 찬송가에 맞추어 그렇게 하기도 했다. '그 아이들은 단지 당신한테서 배운 것을 모방할 뿐'이라고 말할 수 있다. 그렇다. 그러나 그들은 다른 것을 모방했는지도 모른다. 당신의 자녀들은 당신에게서 무엇을 모방했는가? 당신의 구역 성도들은 당신한테서 어떤 점을 배우는가? 그들은 그 불만심과 그 비판의 마음을 간파하기 때문에 배울 것이 없을 것이다. 열정은 열정을 기른다.

사람들의 마음에 씨 뿌린 대로 거둘 것이다. 믿음이 없는 리더십은 역시 불신감을 양성한다.

당신이 지도자의 자격으로 성도들 앞에 설 때는 당신이 어떻게 응답하고 반응하는가에 대한 경외로운 책임을 지는 것이다. 집회 중에 무슨 일이 벌어지고 그것을 어떻게 생각해야 할지 모를 경우에 성도들은 어떻게 할 것인가? 그들은 목사님이나 인도자들을 바라보고 인도자들의 반응을 보고 나서 인도자들과 같은 태도를 취할 것이다.

내가 아는 어느 목사님은 그 반응이 명료해서, 그가 침통함을 느낄 때 그의 고개가 떨어진다. 그러면 모든 성도들의 고개가 떨어진다. 성도들은 그런 정도로 리더십에 반응을 하게 되어 있다.

당신이 목사로서, 장로로서, 집사로서, 구역장으로서 혹은 어떤 다른 위치의 인도자로서 강단에 서면 성도들은 당신을 보며 '인도자는 저렇게 반응해야 한다'라고 말한다. 내심 인도자가 되려는 성도들은 '인도자의 반응은 저런 것이구나. 나도 저렇게 반응하는 것을

배워야겠다' 라고 생각할 것이다. 다시 말하면 두 방향에서 영향을 끼칠 수 있다는 것이다. 영향이 좋을 수 있고 나쁠 수도 있다. 당신이 거기 서서 찬송과 예배를 하지 않는다면 집회에 침통한 분위기를 드리운다. 그러므로 리더십에 반응하라. 그들을 격려하라.

호주를 방문했을 때 '3E'를 배웠다. 그 하나가 우수함(excellence)의 추구이며 둘째가 하나님으로부터 방출되는 기력(energy)이며 셋째가 공감함으로 격려(encouragement)의 느낌을 주는 것이다.

왜 어떤 성도들은 공고문을 잘 읽지 않는가? 우리는 공고문에 고마움을 느끼는데. 그렇다면 그렇게 말하라. 우리가 고마워하는 마음을 표시하는 것은 단지 등을 다독거려 주는 수준이 아니라 격려하는 마음인 것이다.

사람들은 항상 그러한 격려에 상응하게 고무된다. 또한 반대의 경우 상응하게 낙담하게 된다. 만일 당신이 항상 열을 꺼 버리는 소방서 역할을 한다면 사람들은 종내 '내가 일어서기만 하면 물벼락을 맞으니까 나 안할래'라고 말할 것이다.

우리는 사람들에게 실수의 특권을 허용할 필요가 있다. 하나님은 우리들처럼 만사에 당황하지 않으신다. 우리는 어떤 일이 벌어지면 하나님이 몹시 당황하시어 '이를 어쩐담? 오늘 아침 방언이 네 번 있었는데. 어떻게 한담?'이라고 하시며 하늘나라를 허둥지둥 뛰어다니신다고 가끔 상상도 해 본다. 하나님은 낙담하시지 않는다. 하나님께서는 우리의 하잘것없는 상상력으로는 알 수 없을 정도로 크시다. 하나님은 인간의 명멸하는 시야 밖에 계신다. 하나님은 천상의 거룩함에 계신다. 하나님은 그의 적을 조롱하시며 웃으신다. 그분이 나의 하나님이시다. 당신의 하나님은 어떤 분이신가?

격려의 분위기는 훌륭한 것이다. 그것을 활성화하라. 그것을 소홀히 말라. 또한 리더십에 뿐만아니라 성령의 활동에 응답하라. 하나님은 그의 임재하심에 응답하고자 하는 소망에서 우러나는 예배를 갈망하고 계신다.

찬송과 예배에 차이점이 있다면 내 생각으로는 찬송은 하나님이 임재하실 수 있는 분위기를 실제로 만들 수 있다는 것이다. 그렇다. 하나님은 계신다. 하나님이 계시기 때문에 하나님은 임재하신다. 그리고 하나님을 영광되게 모시려는 소망이 충만한 장소에서 그 임재하심의 특별한 증거를 보이실 것이다. 그곳이 하나님이 거하시는 경지의 찬송이다. 그것은 전쟁과 같은 찬송이다. 우리는 하나님의 계심에 응답해야 한다.

나는 예수님 앞에서의 마리아에 관한 이야기를 좋아한다. 마르다는 베다니에 오시는 예수님께 익숙했는지도 모른다. 하지만 마리아는 그렇지가 않았다. 마리아는 베다니에서 죽음의 냄새가 날 때 예수님이 그곳에 오신 것을 기억했다. 마리아는 예수님이 죽은 자를 살려내신 그곳을 기억했다. 그것을 잊을 수는 없었다. 우리는 때때로 그분의 임재하심에 익숙해 있다. 우리는 이제 그분에게 반응하지 않는다. 우리는 그분을 당연한 것으로 여기고 있다.

어쩌면 당신은 값이 매우 비싼 옥합을 깨야 할지도 모른다. 그것은 그 안에 있는 귀중품을 쏟아 놓고 그 상자가 훌륭하고 추억의 기념물이기 때문에 다시 선반에 올려놓곤 하는 여닫는 상자가 아니다. 마리아는 그것이 인생의 마지막인양 그 상자를 깰 채비가 되어 있었다. 그녀는 그것을 후일에 보관하려고 움켜쥐고 있지 않았다. 그녀는 그것이 사랑의 완벽한 표현이기를 원했다.

남성들이여, 당신들은 남자이기 때문에 그러한 정서를 투입하기가 어렵다고 생각하는가? 우리는 그 옥합을 깨고 예수님의 발에 그런 감정을 부을 줄 알아야 한다.

성령은 다른 어떤 것도 미칠 수 없는 곳에까지 미치기를 바라신다. 당신은 충심으로 하나님을 사랑하기는 하지만 장벽을 허물었는가? 당신은 '결코' 란 맹세를 했는가? 당신은 어릴 때부터 감정을 병 속에 봉하라고 가르침을 받고 대장부가 되라는 가르침을 받았는지도 모른다. 나는 예배하는 자가 되라고 격려하고 싶다. 감정을 투자

하는 것을 배우고 기도하라.

주여, 다시 한번 내 마음을 어루만지소서.
경이로움으로 새롭게 채워 주소서.
무한한 주님의 놀라운 사랑으로
내가 안겨지는 그 놀라움으로.
이제 나는 영원히 주님의 것이오니
경이로움으로 새롭게 채워 주소서.
(*C. A. Bowater*, 1985)

당신은 여호와께 응답하기가 힘든 어떤 다른 것이 있는지도 모른다. 하나님은 예배의 기술자를 원하시는 것이 아니다. 하나님은 반응하는 자 즉, 하나님이 계시다는 것에 응답하는 자를 원하신다. 나는 당신이 하나님께 어떻게 응답할 것인지 모른다. 어떻게 그분께 응답해야 할지 모른다. 어쨌든 성령에 응답하라.

세상은 예언적 예배를 기다리고 있다. 세상은 그 예배와 일상 생활이 하나님이 실제로 임재하심을 증명하는 백성을 기다리신다. 나의 기도는 이렇다. 즉, 하나님이 우리를 가르치시고 도와주시고 인도하실 것이며, 하나님은 우리 생활 속에 실제로 임재하실 것이며, 우리의 생활은 하나님에 관한 진리의 실질적 증거가 될 것이며, 우리는 하나님 계심 속에 있으므로 우리가 어디를 가든 주변에 향기가 있을 것이며, 우리는 현실의 삶을 살며 우리의 가정, 직장 등 우리가 사는 사회에 기여하게 될 것이며, 우리는 다분히 이 세대에 여호와의 '이 순간의 말씀(now-word)'을 전달하는 선지자적 백성이 될 수 있다. ·

나의 기도는 하나님이 우리 기도를 들으실 뿐만 아니라 하나님을 찬미하고 그 보좌를 찬송으로 에워싸기를 소망하는 우리의 마음을 감지하시며, 우리가 예수님을 사랑하는 것을 보시며 숭앙과 감복과 예배로 충만한 우리의 감사하는 마음을 보고 계실 것이라는 것이다.

예수님, 당신을 믿습니다.
당신의 아름다운 이름을 믿고 공경하며 숭배합니다.
예수님, 당신을 믿습니다.
예수님, 주인 중의 주인이며 왕 중의 왕이신
당신을 나는 믿습니다.
나는 감사의 마음으로 찬송하며
당신을 믿습니다.
(*C. A. Bowater*, 1982)

제 3 부

성직자의 잠재력 발견

Discovering the potential of your priesthood

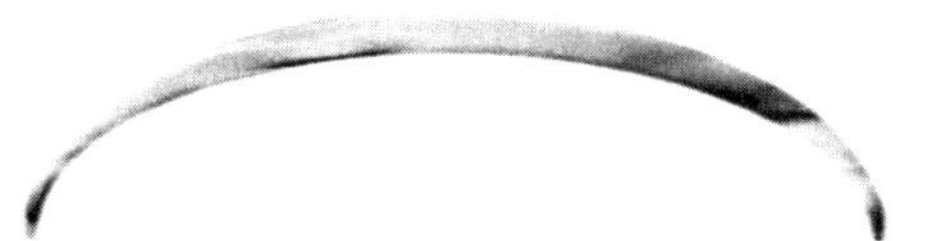

1. 모든 잠재력의 발견
Discovering the full potential

예배에서 사용하는 악기가 올갠 혹은 커다란 오래된 피아노였고 한 사십 년 동안 사랑스런 부인이 연주의 자리를 차지했던 시절을 기억하시는 연로하신 분들은 손을 들어보십시오. 아직도 그런 광경이 계속된다면 이 요청을 잊어버리고 넘어 갑시다.

그 시절에는 실행파(radicals)는 피아노와 올갠을 이중주(흔히 Hammond variety)로 구성했으나 어떤 이유에서였는지 최소한 강단 폭만큼 떨어뜨려 놓아서 거북한 스테레오 효과를 내게 했었다. 말할 것도 없이 글자 그대로 음악적으로 그 두 악기는 결코 서로 어울리지 않았다.

예배에 '기타(guitar)'가 도입됨으로써 손들을 많이 추켜들었는데 찬송 때문이 아니라 공포 때문이었다. 기타는 띵띵거렸고 세속적이라고 했다. 기타 연주자들은 음에 맞추어 흔들었고 사람들은 그것을 관능적이라고 간주했다. 내가 한 20년 전에 복음 그룹에 참가했던 일이 생각나는데 엄격한 교회 지도자가 기타 연주는 하되 흔들지는 못하게 했었다.

드럼과 전자 악기의 도입은 인내의 한계를 벗어났는데, 많은 사람들이 그것을 악마 시대의 상징인 바빌론의 타락으로 간주했다. '다음에는 교회에서 춤까지 출거다'라는 말들을 했고, 또 그렇게 되었고 현재도 그렇고, 앞으로도 변할 것이고 끝없이 변한다.

대단히 중요한 메시지 (Very important message)

찬송과 예배의 의식에 악기의 새로운 전개와 확산에 거부감을 갖는 사람은 우선 가위를 들고 시편에서 전구절을 잘라 내야 할 것이다.

하나님이 음악을 즐기신다는 것을 알고 그렇게 인정하는 것은 매우 중요하다. 우리는 염소뿔의 합주가 어떻게 들리리라고 상상이나 할 수 있는가? 하나님은 소음이 즐거운 것이라면 그 소음이 들어설 자리를 내 주신다. '온 땅이 여호와께 즐거이 부를지어다. 기쁨으로 여호와를 섬기며 노래하면서 그 앞에 나아갈지어다'(시편 100 : 1~2).

하나님은 미온적인 종교적 위선에는 구역질이 나도 즐겁고 대견한 풍성함에 기분이 상하지 않으신다.

수많은 갖가지 소리를 내는 악기의 회복은 하나님이 정말 기뻐하시는 것과 동일 선상에 있다. 하나님은 찬송과 공경의 표현으로 나타나는 모든 우리의 창조적 재능을 보기를 좋아하신다.

1. 드럼(drum)은 세속적이 아니다. 그러나 진짜 드러머(drummer)를 찾아라.
2. 전자 기타는 비신성화 된 것이 아니다. 그러나 어떤 기타리스트는 신성한 연주에 부적합하다.
3. '성물'(건물, 성상, 성화, 올갠 등)은 존재도 하지 않는다. 다만 성스러운 백성이 있을 뿐이다.

우아하고 바르게만 한다면 무엇이든 하라. 어떤 악기든 연주하라. 다만 하나님을 위하여 하라.

무엇이든 하라 (Let everything be done)

변화가 닥칠 때 반동하지 말고 응답하라. 나는 하나님이 광야에서 방황하는 그의 백성을 인도하시며 세우신 업적의 하나가 그들에게 변화에 도전하는 것을 가르치신 것이라고 확신한다. 백성들은 '구름을 따르라' 고 말씀을 받았다. 그들은 삶이 불편하고 불안정해도 구름이 움직이면 따라서 이동하여 여러 계시와 함께 하나님의 계속된 임재하심과 인도하심을 깨닫게 되었다. 편안케 해 주시는 성령께서 어떤 때는 그토록 불편을 주시다니 이상도 하다!

역사에서 배우는 교훈 (Lessons from history)

옛날 6세기 시대로부터 전통과 동시대적인 것 사이에 갈등이 있었다. 교황 그레고리 I세의 교회 통치 시대에 사원에서 읊었던 성가(chants)는 화음도 없이 몇 개의 음표 사이에서 이어지는 단선율이었다. 그 형식은 분명히 최초에는 즉흥적인 것이었고 또한 거기엔 초창기 교회가 누렸던 자유로운 예배(참고 : 방언의 찬송)와 유사함이 없지 않았다. 표현의 자유가 로마 카톨릭 교회에 의해 시성 되었고 그 스타일이 예전적 예배(liturgic service)의 필수적 부속이 되었다.

영적 생활의 동시대적 자연발생적 표현은 종교 당국이 '마땅히 그렇게 되어야 한다' 라고 선포하면 전통규례 속에서 종말을 고하도록 강요당했던 것이다.

16세기에 하나님의 새로운 움직임으로 말미암아 새로운 노래가 많이 탄생했다. 마틴 루터는 이렇게 말했다. '나는 음악을 신학 다음으로 높이 평가하고 중시한다. 음악은 선지자의 예술이며 영혼의 동요를 진정시키는 유일한 예술이다. 음악은 하나님이 주신 가장 장엄하고 즐거운 선물 중의 하나이다.'

루터는 라틴어 찬송가(hymns)를 개작하고 번역하여 학자가 아닌 보통 사람들이 알 수 있도록 했고 독일어로 새로운 찬송가를 많이 썼는데 어떤 것은 세속적인 곡조에 맞춰 쓴 것도 있다. 이 때문에 그는 많은 비난을 받기도 했다.

그러나 칼빈은 이런 새로운 조류에 거부하고 인간의 작곡과 화음과 악기들을 금지했다. 그의 문하생들은 '제네바 시편가(Geneva Psalter)'를 따라 제창하는 전통적 방법을 고수했다.

두려움이란 항상 금지하고 계율적이고 동시대의 현실에서 격리되는 방법으로 반발한다.

하나님이 아이삭 왓츠(Isaac Watts)와 찰스 웨슬리(Charles Wesley)를 써서 새 음악의 물결을 일으키심에 따라 18세기초 감리교의 부흥을 가져오고 많은 변화가 일어났다.

그러나 1861년에 '고대와 근대의 찬송가(Hymns Ancient and Modern)'가 영국 성공회용으로 발간됨에 따라 또한번 논쟁이 일어났다. 제창(unison singing)에서 탈피하여 화성 진행(chordal progression)과 화음(harmonies)이 도입되었다. 이러한 화음들이 관능적이라고 간주되었다. 오랜 역사를 가진 교파는 이와 같은 신(新)음악을 수용하기가 어려웠던 것이다.

무디(D.L Moody)는 아이러 쌩키(Ira Sankey)와 합작하여 왈츠와 같은 그 당시 무도곡 형식을 이용하여 1875년에 '쌩키와 무디 성가집(Sankey and Moody Hymn-book)'을 출간했다. 수천 명의 죄인들이 이러한 찬송가 덕분으로 복음을 받아들였음에도 불구하고 전통 교회에서는 이 '세속적 음악(worldly music)'에 부정적으로 반응했다.

'도대체 무슨 악마가 그 좋은 음악을 다 차지한단 말인가?'의 저자인 윌리암 부스(William Booth)와 구세군의 명예가 종교단체로부터 세속적이며 호전적 곡조를 사용한다고 해서 비난을 받았다. 그럼에도 전세계의 가난하고 도움이 필요한 대중이 이런 음악을 통해서 예수님을 만났다.

20세기초 영국에서 오순절 교회의 부흥에 따라 열정과 열의가 회복되고 찬송가의 신세대가 (예수님의 재림을 주제로 한 것이 많았다) 탄생했다. 이에 따라 코러스가 넘쳐 났고 그 인기가 상승하는 새로운 상황이 전개되었다. 이와같은 신생 신앙의 표현은 짧고 기억하기 쉬워서 즐거움과 열성이 새로워졌다. 이 찬송가들은 음악적으로나 시적으로나 단순한 민요이며 신학적으로나 교리적으로나 (진리가 없지 않아) 미약하다고 비판받았다.

은사주의의 부활은 노래로 된 성서(Scripture in Song)와 더불어 1970년대에 가장 전통에 얽매였던 일부 교파에까지도 영혼의 양식을 공급해 주었다. 성령의 생명과 표현은 문화나 정치나 종교적 국경이나 전통에 매이지 않기 때문에 진정한 예수 그리스도의 교회는 지속적으로 새로워지고 회복되고 있는 것이다.

땅은 여호와의 영광으로 충만케 될 것이고 하나님의 나라가 하늘에서와 마찬가지로 땅에서도 이루어질 것이다. 우리는 개별적으로 그리고 다같이 변화의 과정에 있다. 하려고 하는 마음이 하나님께 소용되는 모든 것이다.

2. 악기의 목적
The purpose of instruments

교회 음악가들은 우리가 예배에서 느끼는 분위기 조성에 중요한 공헌을 한다. 그들이 기술적으로나 영적으로나 그 일을 제대로 할 때, 그들은 거의 확실하게 회중을 축복으로 이끈다. 그러나 그르칠 때는 당혹감을 일으키며 나아가서 집회의 영적 흐름(the spiritual flow)에 장애가 된다.

가장 예전(liturgy)에 의존하는 예배에서도 음악가들의 적극적 참여가 전례 없이 확산되고 있다. 한때 올갠만이 지배했던 영역에 지금은 기타와 드럼과 목관악기와 현악기와 금관악기와 타악기와 모든 종류의 전자음향장치가 예배와 찬송의 대집회에 일반화 되었다.

음악가 여러분은 그리스도 교회에 봉사하고 악기로 여호와께 찬양하는 것이므로, 알려진 능력의 영역을 넓혀 그 잠재력 즉, 성직자로서의 잠재력을 온전히 발휘하는 방향으로 갈 것을 권하는 바이다.

1. '우리 능력 되신 하나님께 높이 노래하며 야곱의 하나님께 즐거이 소리할지어다. 시를 읊으며 소고를 치고 아름다운 수금에 비파를 아울지어다' (시편 81 : 1~2).

가장 분명한 악기의 목적은 노래를 반주하며 찬송가(hymns)와, 찬송과 예배의 노래(praise and worship songs)에 선율과 화음과 리듬을 지원하는 것이다. 악기는 음의 고저와 음량과 템포 등을 올바르게 해 주는 것이 중요하다. 반주의 예술은 첨단 기능이다. 반주는 지배가 아니라 이끌어 주는 것이다. 노래의 스타일과 메시지에 따라 적절하면서도 각양의 음색을 제공하는 것에 중요한 역점이 있다.

2. '레위 사람들을 세워 여호와의 궤 앞에서 섬기며 이스라엘 하나님 여호와를 칭송하며 감사하며 찬양하게 하였으니 · · · 제사장 브나야와 야하시엘은 항상 하나님의 언약궤 앞에서 나팔을 부니라' (역대상 16 : 4, 6).

다윗은 제사장이며 음악가인 레위 사람들로 하여금 어떤 다른 일보다 노래와 악기 연주를 통한 감사와 찬양으로 하나님의 언약궤를 감싸도록 했다. 그들은 하나님 앞에서 악기로 예배했다. 하나님은 틀림없이 음악을 사랑하셨다. 시편 작가 다윗은 '기쁨으로 노래하며 그 앞에 나아갈지어다' (시편 100 : 1)라고 권면하며, 자주 '새 노래로 여호와께 노래하라' (시편 96 : 1)라고 간청한다.

음악가로서 예배에 참여하는 것이 노래를 반주하는 것에 그친다면 얼마나 답답한가? 우리는 여호와께 직접 예배하며 연주하며 모시는 것이다. 그러므로 모든 음표에 강약 표시를 하고 화음을 완성시키고 리듬을 창조하고 멜로디를 엮어서 하나님께 바치는 의미 있고 경건한 섬김의 행위가 되게 하라. 그것은 나중에 알겠지만 우리가 하는 일에서 보다 큰 정성과 준비를 의미하는 것이다.

3. '수금으로 여호와께 감사하고 열 줄 비파로 찬송할찌어다' (시편 33 : 2).

악기 연주는 기악가의 찬송의 연장이어야 한다. 경건한 마음을 가진 연주자는 경건한 음악을 창조할 수 있다. 우리는 무엇보다도 첫째로 예배하는 자이며 둘째가 기악가로서 찬송하는 백성이 되어야 한다. 그것이 하나님이 제사장 족속인 레위 사람들에게 그 계신 곳을 음악으로 에워싸는 경외스러운 책임을 맡기신 이유이다. 그들은 그것을 했고 그것을 제일 중요시한 것이고 그것은 옳았다.

4. '엘리사가 가로되···이제 내게로 거문고 탈 자를 불러오소서 하니라 거문고 타는 자가 거문고를 탈 때에 여호와께서 엘리사를 감동하시니 저가 가로되 여호와의 말씀이···' (열왕기하 3 : 15~16).

그 영감의 장소로부터 하나님의 말씀이 선지자의 말을 빌려 하나님 백성에게 전달되었을 때 성령이 악기 타는 자들에게 기름부어 성화시키는 것을 여러 번 경험했다. 악기가 백성으로 하여금 예언에 대비토록 했다. 음악은 고유의 능력을 가지고 있어서 영을 분발시키거나 위로하기도 하고, 영감을 주거나 자극하기도 하고, 구원하기도 하고 멸망시키기도 한다. 또 음악은 하나님이신 성령의 기름 부음을 받게 하여 하나님의 말씀을 받을 수 있게 마음을 비우거나 준비토록 하기도 한다.

5. 그들은 '··· 수금을 잡아 신령한 노래를 하며 여호와께 감사하며 찬양하며' (역대상 25 : 3). '내가 비유에 내 귀를 기울이고 수금으로 나의 오묘한 말을 풀리로다' (시편 49 : 4).

악기의 연주가 하나님의 백성을 예언에 준비시키는 것은 물론이며 악기가 사실상 예언적 분위기로 연주될 수가 있다는 것은 훌륭한 착상이 아닌가? 악기는 연주자의 연장이며 음악은 연주자의 마음을 표현하는 것이라는 점에 비추어 볼 때 악기 연주자들이 음악을 통해 가장 적합한 방법으로 마음속에서 예언의 영을 흔들 수 있다고 믿을 수는 없을까? 나는 거의 모든 사람들이 때때로 음악(심포니, 소나타 혹은 다른 음악)을 듣고 많은 영감을 받는다고 상상하곤 한다. 우리는 사실상 연설이나 언어나 사상들은 서정적인 것(lyrics)이 결여되어 있다고 생각한다. 음악이 우리에게 그대신 말을 했다. 어떤 때는 음악은 많은 언어가 표현할 수 없는 정서와 꿈과 소망을 표출할 수 있다. 나는 연주가 예언적이라는 것을 믿는다. 그럼에도 불구하고 멜로디를 마음으로 표현할 필요가 있을 때가 있다.

6. '은나팔 둘···그것으로 회중을 소집하여···'(민수기 10 : 2).

악기로 백성을 모이게 하여 그들을 예배로 인도해야한다. 그 일을 천직의 제사장 직분으로 살며 활동했던 기악가인 레위 사람들이 해냈음을 기억하라. 그들은 마음과 영이 준비되기 전에는 연주하지 않았다. 정말 그들은 인도할 자격이 있었다. 즉, 그들은 철저히 준비하였던 것이다! 대부분의 우리 신자들은 진정으로 준비되었다고 말할 수 없다. 그들은 허겁지겁 뛰어와서 교회로 들어오는데 여호와께 예배하고 찬양하려는 자세와 마음가짐이 천차만별이다. 음악가는 그 소명감이 진실하다면 하나님의 백성이 찬양하며 친밀한 성소의 예배로 들어갈 수 있도록 인도할 준비가 갖춰져 있어야 한다.

교회들이 회중을 이끌어 함께 속세적인 것에서 영원한 경지의 예배로 오를 수 있도록 하나님 앞에서 봉사하는 기름 부음을 받은 음악가들을 가졌다는 것이 얼마나 유익한가!

7. '너희가 자기를 압박하는 대적을 치러 나갈 때에는 나팔을 울려 불지니 그리하면 너희 하나님 여호와가 너희를 기억하고 너희를 너희 대적에서 구원하리라'(민수기 10 : 9).

'영적인 전쟁'은 현실적 문제이며 또 그렇게 보는 것이 타당하다. 에베소서 6장 12절은 이렇게 말한다. 즉, '우리의 씨름은 혈과 육에 대한 것이 아니요 정사와 권세와 이 어둠의 세상 주관자들과 하늘에 있는 악의 영들에게 대함이라.' 교회의 적(敵)은 백성과 제도 또는 군사력이 아니라 영의 지배력과 세력이다. 그러므로 우리는 실제로 우리의 적이 아닌 것들에 대항해 싸우는데 에너지를 소모해서는 안된다. 우리의 적이 영적인 것이라면, 싸워서 승리를 얻을 수 있도록 하나님이 우리들에게 주신 자원도 역시 영적인 것이다. '우리가 싸움에 쓰는 것은 세상의 병기가 아니라 오히려 견고한 성을 무너뜨릴 수 있는 하나님의 능력이다' (고린도후서 10 : 4, NIV).

테리 로우(Terry Law)의 저서 '찬송과 예배의 힘(The Power of Praise and Worship/Victory House Publishing)이라는 책을 추천한다. 그는 우리의 무기를 총포나 장도나 단검 같은 것이 아니고 로케트라고 규정한다.

로케트 무기 1. 하나님의 말씀

사탄에 대항함에 있어 건강과 새로 태어남과 빛과 양식과 정화와 승리를 주신다.

로케트 무기 2. 예수님의 이름

예수님이 사탄의 움직임에 대적토록 하나님이 그 이름에 권능과 권위를 부여하신다는 것을 인정한다.

로케트 무기 3. 어린양의 피

우리의 적인 사탄의 강변에 대항하고 우리의 정의로움을 선포하는 피이다. 우리가 그 값진 피로 인하여 정화되어 '형제를 비난하는 자'에 맞서고, 사도 바울의 예언대로 예수님이 흘린 피로 인해 결코 죄 짓지 않은 것과 마찬가지로 떳떳함과 의로움을 얻게 된다(로마서 5 : 9). 또한 우리가 구속을 얻고 죄사함 받고 청결히 씻기우고 의로움과 거룩함을 얻었으므로(고린도전서 6 : 19~20), 사탄이 우리들 안에 설 자리가 없으며 우리들을 지배할 능력이 없다.

영적인 로케트 무기들은 영적인 발사대를 필요로 한다. 그것은 기도이며 설교이며 증거의 말씀이며 찬송과 예배이다.

테리 로우(Terry Law)는 이렇게 말한다.

한 무리의 사람들이 찬송과 예배를 하기 시작하면 엄청난 힘이 생겨
난다. 시편 22편 3절에서 하나님은 그의 백성의 찬송 속에 거하신다
고 한다. 우리가 함께 하나님을 찬송할 때 하나님은 우리의 찬송 속
에 거하신다.

합심 찬송은 합일의 힘과 조화의 힘을 말하므로 엄청난 영적 에너지
가 발생한다.

음악가들이여, 적의 영토를 침공할 수 있는 차원의 찬송으로 성도
들을 인도할 수 있도록 성령으로 무장하라. 찬송의 정신이 우리들
속에서 폭발하면 축복의 내림과 적으로부터 건져짐을 얻을 것이다.

바울과 실라는 상처받고 고통스러웠을 때 어두운 감옥 속에서 여
호와께 기도하고 찬송을 노래했다. 찬송을 바쳤을 때 감옥과 성이
흔들려 무너지고 그들은 자유를 얻었다.

어린 다윗이 어떻게 호전적인 골리앗을 대적할 자신을 얻게 되었
는지 생각해 보았는가? 어디가 그의 훈련 장소였나? 그가 거인을 죽
이는 방법에 관한 책을 읽었는가? 그의 각오는 양을 돌보고 있을 때
언덕에서 생겼다. 거기서 만물의 창조주이신 하나님을 알게 되었다.
다윗은 산과 들과 꽃과 새를 둘러보고는 선언했다. '땅과 거기 충만
한 것이 · · · 다 여호와의 것이로다' (시편 24 : 1). 그는 밤하늘을
쳐다보고 달과 별을 보며 말했다. '하늘이 하나님의 영광을 선포하
고 궁창이 그 손으로 하신 일을 나타내는도다' (시편 19 : 1). 당신은
거인과 싸움하기 전에 당신이 신뢰하는 하나님은 전능하시다는 것
을 알아야 한다.

다윗은 하나님의 위대하심을 경외하는 마음으로 알게 되었을 뿐
더러 그 긴 고독의 시간에 하나님과의 교제를 발전시켰다. '여호와
는 나의 목자시니 · · ·' (시편 23 : 1), '여호와는 나의 빛이요 나의
구원이시니 누구를 무서워하리오' (시편 27 : 1). 흉악한 자를 대적

하기 전에 하나님과 몸소 걸으며 사귀어야 한다.

우리는 다윗이 일하던 중 곰 한 마리와 사자 한 마리를 잡았음을 알고 있다. 하나님이 그 짐승들을 다윗의 손에 넣어 주신 것이다. 힘센 자와 싸우기 전에 일상 생활에서 곰과 사자(습관, 마음가짐과 욕망)를 이겼다는 것이 무엇을 뜻하는지 알아야 한다. 이런 악습을 극복하지 못하고는 우리는 생활 속의 '골리앗' 은 점령할 수 없으며 하나님은 그것들을 우리 손 안에 가져다 주시며 우리 스스로 해결하라고 하실 것이다. 하나님은 우리가 남이 안보는 가운데 승리할 줄 알 때 공중 앞에서의 승리를 포상하려 하신다.

우리가 영과 진정으로 예배하고
성령이 거하시는 찬송을 할 때
많은 사람의 사로잡힌 마음을
자유케 하시고 해방시키시며,
아프고 절망하는 마음이 고침 받게 하소서.

8. '하나님이 즐거이 부르는 중에 올라가심이며 여호와께서 나팔 소리 중에 올라 가시도다' (시편 47 : 5).

하나님이 거하시기에 충분한 찬송의 경지가 있다. 다른 의역 (paraphrase)은 하나님이 찬송 중에 보좌에 자리하심을 나타내는 것도 있다. 옥좌는 왕을 위한 자리이다. 하나님 백성의 찬미는 왕이신 하나님 앞에서 행해진다. 예를 들면 우리는 '예수님, 주님을 보좌에 섬기며 당신이 왕이심을 선언합니다' 라고 찬양한다.

이 노래는 예수님이 우리 가운데 서 계신다는 개념을 전개시켜 주기는 하지만 실제로는 우리가 예배함으로써 주님의 보좌가 세워지는 것이다. 하나님은 불청객이나 구경꾼으로서 그 백성들 가운데 서길 바라지 않으신다. 하나님은 하나님에 합당한 자리에 거하고 앉으시길 원하신다. 하나님은 왕 중의 왕이시며 주인 중의 주인이시다.

하나님은 보좌가 있어 마땅하시다. 기악가들은 왕에게 걸맞는 음악이 필요하다는 것을 알아두자. 주님 앞에서 크게 울려라. 대문을 활짝 열고 영광의 왕께서 입장하시도록 하라. 즐겁고 위엄 있게 분명하게 여호와의 높으심을 선포하고 그리고 평범한 것을 하나님 안에서 위대한 것으로 변화케 하는 성령의 특별한 기름 부음으로 우리의 왕을 찬양하자.

우리는 역대하 5장에서 하나님의 백성이 여호와의 언약궤를 솔로몬의 성소로 회복시키기 위해 어떻게 애쓰고 준비했는가를 읽을 수 있다. 여러 해 동안 착오와 실수 끝에 하나님 임재의 총 상징이 제자리로 돌아오고 있었다. 성경에 의하면 사람들이 노래하고 나팔이 울릴 때 하나님은 그 환영에 너무 기쁘셨고 마치 '고향에 돌아온' 기분이셨으며 그의 광대하심은 인간의 상상력으로는 도저히 가늠할 수 없었으며 그 존재의 증거인 하나님의 영광이 성소를 가득 채웠다.

우리는 그와 같은 경험에 관해 알 도리가 없으나 우리의 영으로 하나님의 계심에 대한 계시와 증거를 갈망하며 기다리자.

여호와여 여기 주님의 백성 모였으니
주님의 영광으로 채우소서.
찬송으로 에워싼 주님의 보좌에서
지고한 은혜와 능력으로 다스리소서.
여호와여 여기 주님의 백성 모였으니
주님의 영광으로 채우소서.
우리는 주님을 높이며 공경하면서
감사하는 마음 하나로 모였습니다.
영광스러운 왕이신 그리스도 예수님
아버지 하나님의 사랑 받는 아드님.
여호와여 여기 주님의 백성 모였으니

주님의 영광으로 채우소서.
(*C. A. Bowater, 1984*)

3. 찬양팀의 조직
The organization of music team

찬양팀 악장 (The chief musician)

찬양팀의 악장은 성서적으로 매우 강력한 기반 위에 있다. 그는 왕의 직속으로서 성소 예배와 특별한 절기에 기악가와 성악가를 직접 선택하고 훈련하고 지도하는 책임을 지는 사람이다.

다윗의 성막 안에는 세 사람의 악장이 있었다. 아사브와 헤만과 여두단(혹은 에단)이다. 역대상 15장 22절에서 노래 솜씨와 레위 사람 족장이라는 직위 때문에 노래를 책임지고 있던 그나냐에 관해 읽을 수 있다.

이들 악장은 그 당시 교회에서 그와 같은 지위를 열망하거나 이미 그러한 자리에 있는 사람들이 갖추어야 할, 음악인이 갖추어야 할 자질의 표본이기도 하였다.

아사브(Asaph)

아사브가 어떤 사람이었는지 알 수 있는 자료가 충분치 않다. 다만 다른 악장과 마찬가지로 특별히 기름 부음을 받았고 재능이 있고 음악으로 예배토록 선택되었다. 그러나 이 사람의 이름에 관해 더 알려진 것이 있다.

오늘날 자녀들의 이름을 지을 때 성경상의 좋아하는 이름이나 친척이나 친구 등의 이름을 따르는 것 외엔 별 관심이 없다. 한때는 생김새나 직업이나 인품을 잘 나타내는 의미이거나 혹은 단지 부모가 자식에 대한 소망이 담긴 이름을 지어 주는 때가 있었다.

'아사브' 란 '모여 함께 하고 질책하는 마음을 버리는 자' 라는 뜻이다. 얼마나 훌륭한 이름인가?

악장은 아사브와 같은 사람이 될 필요가 있다. 음악은 단지 음악의 형식을 취하는 것 이상이어야 한다. 음악은 중립적인 것이 아니다. 음악은 영향을 주고 손상을 입히고 타락케 하고 파괴하고 축복하고 위로하고 세워 주고 치료하고 구출한다. 사탄은 오늘날 수많은 젊은 생명들을 속박하고 파괴하기 위하여 음악을 초자연적인 도구로 사용하고 있다. 그렇다면 모든 선함을 지으신 하나님은 이 종말의 시대에 축복과 영감과 그 목표를 달성하기 위하여 음악을 강력한 수단으로 훨씬 더 많이 사용하실 수 있다.

거룩한 하나님의 하나되게 하시는 역사가 음악을 통해 이루어질 수 있다. 매주 예배하고 찬송하려는 마음과 자세가 서로 같지 않은 가운데 성도들이 각양각색의 환경과 형편으로부터 모여들 때에 당신이 아사브가 되어 하나님이신 여호와를 찬양하는 한 가지 중심 목적으로 그들을 모으도록 하라. 사람들은 각가지 고민 거리와 패배감과 환멸과 슬픔을 교회로 가져오는 경향이 있다. 그들은 마음과 생각을 장소와 인물과 프로그램에서 돌려 평온히 하나님에게 집중해야 한다.

사람이 모여 함께 하고 음악인이 하나님 앞에서 그 기름 부음의 연주를 할 때 고독감과 고통과 자책감에 시달리는 사람들은 자신의 생명에 치료의 기름이 부어짐을 알 수 있다. 한편 자기 저주의 영이 짙은 구름처럼 짓누를 때가 가끔 있다. 그들은 집회에 들어오지만 끝나고 나갈 때에도 똑같은 상태의 마음과 생각으로 간다. 그들은 다른 예배자와 하나가 되지도 않고 개인적 찬송도 바치지 않았으므로 결국 하나님 앞에서 자신을 변화하도록 허용하지도 않는다. 그런 자기 저주의 마음은 하나님의 자녀라는 지각과 소속감으로 대체 되어야 하며 침체되고 내향적인 눈을 들어 그리스도를 바라보아야 한다. 우리는 그를 바라 볼 때 변화하기 때문이다.

모여서 함께 하고, 질책하는 마음을 버리고, 마음과 생각을 예수님께 집중시키자.

주님의 성스러움을 봅니다.
주님의 사랑을 바라봅니다.
우리 주위의 모든 것이
주님의 광채 속에서 그림자 됩니다.
내가 주님의 마음에 닿아 기쁨을 알고
나의 의지력이 주님의 사랑으로 은혜 받으면
우리 주위의 모든 것이
주님의 광채 속에서 그림자 됩니다.
나는 주님께 예배합니다.
나는 주님을 예배합니다.
주님께 예배하는 것이 내가 사는 이유입니다.
(Wayne & Cathy Perrin,ⓒ1980 Integrity's Hosanna! Music!
Thank you Music, PO Box 75, Eastbourne BN23 6NW, UK)

헤만(Heman)

그도 역시 재능을 타고나서 선택된 자다. 그의 이름은 '충성스러운 자' 를 뜻한다. 오늘날의 사회에서는 화려하고 환상적이고 그리고 대개 최첨단 스타일의 행위를 중시하지만 하나님의 왕국에서 필요한 본질적 인품은 충성이다. 그 결과 듣는 찬사는 '잘 하였도다 착하고 충성된 종아' (마태복음 25 : 21)이다. 마지막 칭찬은 하나님의 일을 하는 솜씨나 재능에 대해서가 아니라 얼마나 충성스럽게 했느냐에 대한 것이다.

충성이란 특히 그만두면 제일 편한 것을 인내하고 계속하고자 하는 결의를 요하는 것이다. 좌절감과 분함으로 인해 모든 훌륭한 소망과 비전이 사그라지는 것 같은 때가 있다. 특히 사람을 다룰 때 그것도 음악인을 다룰 때가 더 하다. 그때에 충성심의 진위가 시험받게 된다.

시편 88편은 헤만에 관한 것이어서 흥미롭다. 이것은 영광스러운 승리나 극복의 정신이나 일반적 풍요를 노래하는 것이 아니다. 이것은 죽음에 근접하고(3절), 힘이 없으며(4절), 기억해 주지도 않고(5절), 친구들로부터 소외되고(8절), 거부당하는(8절)··· 등등에 대한 노래다. 이것은 '충성과 승리로 행함' 의 노래만은 아니다! 그러나 에스라인 헤만은 충성스러운 사람이었으니 그의 직분에 충실하였으며 하나님께 충성을 했다.

에단/예두단(Ethan/Jeduthan)

'일관된 또는 끊임없는 찬송으로 사는 자' 란 의미의 이름이다. 찬송이 그의 생활 양식이다. 필요할 때만 하는 찬송이 아니었다. 찬송은 마치 숨을 쉬는 것과 마찬가지로 그의 생명의 일부였다.

그런 사람을 흔히 볼 수 있는 것은 아니다. 얼마나 감수성이 있고 영향력 있는 아름다운 영인가? 그들도 우리와 마찬가지로 고통과 투쟁의 삶을 살지만 그들은 생활의 모든 면에서 하나님께 찬송할 따름이다. 그들은 더이상 환경이나 감정의 지배를 당하지 않는다. 그들은 생활을 지배할 줄 알게 되었고 끊임없이 하나님께 하나님의 몫을 돌려 드리려는 소망을 잃지 않았다. 아무리 생활이 어렵더라도 하나님은 모든 영광과 찬송을 받아 합당하시다는 사실을 변경시킬 수 없는 것이다. 에단은 경박하고 변덕스러운 영적인 삶을 살지 않았다. 그는 일관되게 하나님에게 찬송을 드렸다.

근본적으로 찬송은 터득하는 것이지 가르쳐지는 것이 아니라고 나는 믿는다. 법칙은 모든 사람이 다 알 수 있는 것이지만 진정한 경모심은 성령만이 우리들의 찬송하는 마음속에서 일으킬 수 있는 것이다.

내가 연주자와 싱어들과 함께 여행하면서 회중이 차디찬 무관심 혹은 절망적 무감각 상태에서 열렬한 찬송으로 변하는 것을 자주 보았다. 그들이 별다른 의미 없이 열광했다는 비평도 있을 법하다. 그러나 하나님은 영을 감동시키는 사업을 하고 계신다. '여호와께서 스룹바벨의 마음을 흥분시키매···'라고 학개 1장 14절에 쓰여 있다(역대상 5 : 26, 역대하 36 : 22 참고). 확실히 우리 마음속에 계신 하나님은 우리가 그의 백성을 찬송하도록 격려하고 권고하며 이끌기를 바라신다. 그것은 '찬송은 정직한 자의 마땅히 할 바'(시편 33 : 1)이며 '찬송함이 아름답고 마땅'(시편 147 : 1)하기 때문이다.

그나냐(Chenaniah)

이 이름은 '여호와가 세워 주신 자'를 의미한다. 만일 자기 직무에 대한 신념이 확고하지 않다면 악장의 직위를 탐하거나 구하거나 또는 그 자리에 앉아 있지도 말아야 한다. 당신은 그 자리에 전혀 어울리지 않으므로 차라리 교회에서 당신에게 특별히 적합한 자리와 직능을 찾아내는 것이 중요하다. 더군다나 악장의 임무를 완수하는 데 어울리지 않는 사람이 그 일을 맡는다는 것은 적합한 남성이나 여성이 하나님이 정해 주시는 성직 생활로 들어가는 것을 방해하는 것이다. 주요 직책에 부적합한 사람이 있다는 것은 교회 성도들 가운데서 확실하게 성령이 흐르는 것을 사실상 방해한다는 데에서 더할 수 없는 심각성이 있다.

이런 사안들을 심사숙고하여 좌절의 성직 생활로 많은 세월을 허비하지 말아야 한다. 예수 그리스도의 교회는 목사나 교사나 부흥사와 같은 선의의 인물들이 잘못 배치되어 흩어져 있음으로 인하여 여러 해 동안 방치된 채로 하나님의 사업이 좌절되고 있다. 그나냐는 하나님에 대한 속인들의 생각이나 자신 있는 솜씨를 바탕으로 한 것이 아니고 그가 하나님에 의하여 세워지고 부름 받고 택함 받았다는 사실 위에 있었으므로 마음이 안정되어 있었다.

실질적 의미 (Practical implications)

악장이 실제적으로 갖추어야 할 것들이 있다.

하나님의 말씀을 근거로 하는 훌륭함

천부의 재능이 아무리 많고 화음과 대위법의 모든 것을 알고 작편곡 기술이 있고 연주에 자신이 있어도 그런 것들만으로는 충분치가 않다. 악장은 성서의 원리에 완벽을 기하여야 할 필요는 없다. 반드시 신학자여야 하는 것이 아니라 말씀에 정통하고 있으면 된다.

지도자의 자질

지도자는 사람들이 따르려고 할 때 인도할 수 있는 것이다. 대화의 솜씨와 충성됨과 직권을 행사하는 능력과 항상 인자한 처신을 하는 등의 우수한 인격을 가지고 있어야만 한다.

음악인들은 성격이 개성적이고 과민하기가 일쑤여서 대체적으로 다루기 힘들기 때문이다.

조직력

발전 단계에 있는 교회의 음악 활동은 놀랍도록 압도적이다. 다양한 연령의 선택이라든가 예배 모임이라든지 복음 록그룹(gospel rock groups)과 독주, 독창자와 음악인회와 드라마, 무용 제작과 녹음 작업과 비디오 촬영과 이론 교실, 악기 강습, 순회 예배 그외 많은 활동들을 한다. 이런 모든 것이 우리 교회에서는 정상적인 음악 생활이다. 여기에는 물론 예배의 인도가 있다. 조직과 그 조정 업무는 실제로 오리지널 원고를 작성하는 창조적 작업을 하지 않더라도 하나의 전임 작업이 될 정도다.

그런데 오직 '하나님께 의지' 한다던가 또는 '성령의 움직이심'

을 기다려야 한다는 많은 사람들의 철학은 신빙성이 없는 것이다. 기획과 조직에서 하나님을 기다리거나 성령의 인도하심과 전혀 무관하다는 것은 아니다. 그것은 양립한다. 대부분의 사람들은 언제 어디서 하나님의 도움이 필요하다는 것을 미리 안다면 보다 안정감을 가지고 일할 수 있다. 절대로 연주자나 싱어들을 신임하는 것이 당연하다고 생각지 말라. 미리 기획하고 그 계획들을 그들에게 정확히 전달하라. 그러나 계율에 얽매이지 말고 예상치 못했던 일에 대비하는 여유를 가져라.

직무와 음악가를 위해 기도하는 사랑

기도를 하지 않고 기능적으로 일하려고 하면 그것은 마치 기름(oil)없이 차를 운전하는 것과 같다. 불가피하게 고장이 난다. 마찰이 일어나고 터져서 전 기능이 작동치 않게 된다. 모든 진행 단계와 결정에는 기도라는 기름을 쳐야 한다.

당신이 보살펴야 하는 모든 사람은 당신의 기도가 필요하다. 음악가들도 자신의 감정(어쩌면 그 일에 부적합하다는 느낌)과 싸워야 할지도 모르며, 그리고 당신과의 인화가 필요할지도 모른다.

회중에 대한 사랑

당신은 봉사자이다. 사역은 즉 봉사이다. 하나님에 대한 최선의 봉사는 하나님을, 그리고 하나님의 백성을 사랑하는 관계에서 생기는 것이다.

나는 근자에 바울이 백성에게 사랑으로 진실을 말하라고 한 에베소서 4장 15절의 말씀에 관해 묵상하고 있었다. 당신은 '사랑합니다, 그러나 · · ·'라고 하면서 끝까지 말을 채워 본 적이 있는가? 대개는 그 '그러나'라는 단서는 많은 죄를 담고 있다고 나는 감히 말하고 싶다. 그 성경 구절에 대해 생각하고 나는 진실이 온전한 경우란 '사랑하고 있을 때'의 그 환경이라는 것을 알았다. 사랑하는 부부는 아마도 자기들 사이에서는 공격을 당한다는 생각을 하거나 또 그것에 방어할 필요 없이 진실을 나눌 수 있다. 그런 상호간의 사랑이 있는 환경에는 상대방의 행복이 가장 중요하다.

악장은 당신의 회중과 사랑에 빠져야 한다. 당신은 사랑이란 보답된다거나 감사로 받아진다고 생각하지 않을지 모르나 그들에 대한 사랑은 척도나 보상 없이 주어야 하는 것이다.

이 말에 생각나는 것이 있는가? 물론 있다. 우리가 좀 더 예수님과 같이 될 때 우리는 예수님이 사랑한 것처럼 우리도 하게 될 것이며 예수님의 인자함이 우리의 것이 되고 예수님의 선천성이 우리의 마음 가운데에 자리잡을 것이다.

음악가의 선발과 임명
(Choosing and appointing musicians)

필요한 음악가를 위하여 기도하라

나는 1984년 호주 특히 시드니의 새생명센터(New Life Center)를 방문할 영광이 있었다. 이 교회는 프랭크 휴스턴(Frank Houston) 목사가 인도하던 6, 7년 사이에 놀랍게 발전했다. 그는 그 교회 초창기에 음악(더 정확히 말하면 예배와 찬송)이 장차의 발전에 관건이 된다는 명확한 계시를 하나님으로부터 받았다고 회상했다. 그는 하나님이 그 교회에서 음악을 이끌 수 있는 적격자를 보내 주실 것을 기도했다. 기도를 하면 할수록 하늘은 점점 더 굳게 닫히는 것만 같았다. 그는 하나님이 비결을 주셨는데 기도에 대한 응답이 왜 그리 늦어지는지 알 수가 없었다. 그는 그의 질문이 옳지 못했기 때문에 응답을 받지 못했다는 것을 영의 계시로 깨달았다. 마치 그것은 하나님이 모세에게 말씀하신 것과 같았다. '네 손에 있는 것이 무엇이냐?' (출애굽기 4 : 2). 모세가 인간의 잣대로 하찮은 것이라도 바치고자 하는 준비가 되어 있는 한 모세는 하나님의 권능 아래 권위 있는 자가 될 수 있는 능력을 이미 손에 들고 있음을 하나님이 모세에게 일깨워 주시고자 한 것이다.

하나님이 프랭크 휴스턴 목사에게 원칙을 계시하셨을 때 놀랍게도 하나님은 또한 그 기도에 응답하셨다. 그 성도 중에는 이미 트레버 킹(Trevor King)이란 한 젊은이가 있었으니 그는 마약에 중독된 히피였었으나 그때 막 신자가 된 사람이었다. 긴 머리에 아무렇게나 걸친 옷에 방관적 태도가 아직 그의 생활 방식이었다. 하나님과의 오랜 실랑이 끝에 목사는 마지못해 젊은이를 만나기로 합의했다. 목사는 그에게 그 다음 주일예배에서 연주해 줄 것을 부탁하면서 그 긴 머리를 깎고 짧은 바지는 긴 바지로 갈아입고 발가락이 나오는 샌들은 보통 구두로 바꿔 신기를 기도했다. 주일예배에 나타난 트레버는 자기 식의 차림으로 나타나 목사님을 공포에 몰아 넣었다. 그러나 그가 연주하기 시작하면서 성령의 기름 부음이 명백해지기 시작했다.

트레버 킹은 결국 전속 음악 담당자가 되었고 프랭크 휴스턴 목사와 함께 훌륭한 창조적인 봉사단을 설립했고 지금은 독립한 목사님이 되었다.

'네 손에 있는 것이 무엇이냐?' 단지 피아니스트 한 명 혹은 기타리스트가 굉장한 것이 아니다. 그들을 위해 기도하고 그들과 함께 기도하고 그들을 성령 안으로 인도하라. 교회 내의 다른 숨은 재능과 인재를 격려하라. 나는 기독교인이 되면서 새로운 생활에 불필요한 문제 거리가 되지 않을까 해서 음악을 포기한 사람들을 알고 있다. 이 숨은 능력가들을 감동시켜 성령의 기름 부음을 받을 수 있게 이끌어라.

교육(Taking lessons)

교회의 청년 단체에 참여하고 있는 나이 어린 음악가들을 격려하라. 나는 내 산하의 음악가들 내에서 나이가 든 연주자로 하여금 젊은 세대를 코치하고 육성하는 제도를 시작했다. 이곳에서는 격려해 준다는 훌륭한 원칙을 세웠는데 하나님도 축복해 주시리라 믿는다.

그러나 어린 음악가들의 참여 의식 때문에 또는 악단의 규모를 확장하는 의미로 그들을 주요 집회에서 연주토록 내굴리지 말라. 그것은 두 가지 이유로 실수가 된다. 경험 부족이 실망감을 촉진시키고 실망이 되풀이되면 젊은이들이 불필요하게 포기할 가능성이 있기 때문이다. 또한 예배를 위한 연주는 취미 연장의 단순한 활동이 아니기 때문이다. 그것은 영적인 행사 집행이다. 모든 예배의 집행과 마찬가지로 거기에는 즐거움과 함께 책임이 따른다. 영적으로 미숙한 나이 어린 음악가로 하여금 막중한 책임감을 느끼게 하는 것은 무리이다.

표준 유지(Maintaining standards)

나는 많은 일선 음악가들이 개인 지도에 대한 조언을 요청할 때 기뻤다. 그들은 모두 기술적으로 신장하여 연주에서 보다 효율적이고자 한다. 이것은 분명히 시간과 돈의 투자가 필요하고 어떤 사람에게는 정말 희생을 치러야 하는 것이다. 음악적으로 김이 빠지는 것은 매우 쉬운데 일련의 간단한 레슨은 태도와 이해를 일신시킬 수 있다.

아무리 연주의 수준이 높다고 해도 영적으로 완성되지 않으면 진정한 가치가 없다. 자만과 질투와 그밖의 다른 문제의 위험이 있는 음악가를 선정하는데는 그들의 영적 성숙도와 건실성을 다같이 염두에 두어야 한다.

사역팀의 설립 (Establishing ministries)

그들 각자를 위해 그리고 그들 각자와 함께 기도하라. 항상 연주자 각 개인에게 성령의 축복을 빌어라. 그들의 소명 의식을 확인하라. 그들을 교구에 잘못 배치하지 않는 것이 중요하다. 하나님의 영광을 위해 열매 맺을 꽃을 피울 수 있는 방향에서 하나님 안에 정립되고 뿌리내리도록 끊임없는 기도로 그들을 지원하라.

음악팀의 단원이 되라는 요청을 받지 못해 받는 상처는 그 직위에서 물러나라는 말을 듣고 받는 상처처럼 크지가 않다. 조심해서 음악가를 임명하라.

규칙적으로 함께 연습하라
(Practise together regularly)

한 팀으로 함께 기도하라 (Pray together as a team)

성급하게 '주여 축복해 주소서'라고 기도하는 것은 금물이다. 시간을 잡고 하나님을 기다리며 서로를 위해 서로 함께 기도하라. 많은 사람들이 자기 악기 뒤에서 안주한다. 음악에 참여한다는 것은 많은 상처와 근심이 따른다. 사실상 교회 생활에서 어느 역할이나 직위가 일반적으로 편리한 가면으로 사용될 수 있다. 음악가들은 연주는 물론 기도를 할 줄 알아야 한다. 하나님 앞에서 숨김이 없고 동료들 앞에서 정직하고 하나님께 떳떳한 심성은 영적으로 건강하다. 음악인을 파악함에 있어 그들이 악기를 연주하는 것을 듣는 것보다는 그들이 기도하는 것을 듣는 것이 훨씬 낫다.

정직과 헌신 (Honesty and commitment)

음악가들은 특히 능력이나 음악적 해석을 질문 받았을 때 매우 방어적이 된다. 그러나 만일 단원들 사이에 은혜로운 정직성이 없다면 영적으로나 음악적으로나 진정한 발전은 이루어지지 않는다. 다 안다, 다 있다, 다 했다, 이런 증후군은 팀의 인간관계에 치명적이다. 더 이상 갈 곳이 없는 막다른 골목이다.

필자가 쓰는 '은혜로운 정직성(gracious honest)'이란 말에 유념해야 한다. 나의 경험에 따르면 진실이 항상 사랑으로 보강된 것은 아니다. 'in love(사랑 속의)'라는 술어가 제거된 진실(truth)이 항상 교훈적인 것은 아니다. 우리는 확실히 진실(즉, 연주와 태도와 신뢰성 등등에 관해) 앞에 솔직해야 한다.

헌신(commitment)이란 단어도 현재 유행하는 'in(안에서)'을 붙이는 어군에 속한다. 그러나 여기서는 신비한 뜻은 없다. 헌신이란 충성(faithfulness)이다. 하나님과 그 백성에 대한 충성이고 교회의 이상과 그 실현을 위한 충성이다. 사랑이 있는 곳에 헌신이 있어야 한다. 그렇다면 무엇을 뜻하는가?

우리는 상호간의 영적인 성장과 확장과 성공을 위하여 헌신해야 한다. 경쟁적인 마음은 헌신적인 인간관계에 도움이 되지 않는다. 헌신이란 인간관계에도 관련된다. 결혼 서약은 병들거나 건강하거나, 부하거나 가난할 때나 항상 서로 지켜 주는 것 등등을 약속하는 것이다. 상황이 어려워진다는 이유만으로 참된 헌신에서 손을 뗄 수는 없는 것이다. 나의 사무실 벽에 비비(baboon:개코 원숭이)란 동물이 목까지 진흙에 빠져 있는 포스터를 걸어 놓았다. 그 응시하는 큰 눈은 자기를 바라보는 모든 이에게 '우리 모두가 이렇게 빠져 있다'라고 말한다. 헌신에는 예외 규정이 없다.

나는 공적으로나 사적으로나 나의 음악가들 옆에 서서 그들을 지켜 줄 것이다. 물론 내가 싫어하는 일들이 있을 수 있고 고쳐야 할 태도가 있을 것이다. 그러나 나는 그들에게 항상 완벽하게 충성할 것이다. 나는 나의 충성이 모든 단원 사이에서 보람으로 나타나게 되리라고 기대한다.

목표를 가져라 (Have a goal)

아무런 목표가 없으면 아마도 문제에 봉착하게 될 것이다. 자유분방한 재즈 음악회로 전락하는 것이 아마도 목표를 져 버린 경우의 가장 공통된 진로이다. 어디를 가는지를 알아야 하며 리허설의 목적이 무엇인지 알아야 한다. 리허설은 새 찬송가를 배우기 위한 것일 수도 있다. 새 노래를 신념을 가지고 가르치는 데는 시간이 필요하다. 가사와 템포와 음률을 확실히 익히는 시간이 필요하다. 새로운 노래를 교인들에게 가르칠 때에 당신의 신념이 전달되고 비추어진다. 리허설의 목적이 어려운 색조나 화음에 숙달하고 주일 저녁 예배를 위한 특별 연주를 준비하는 것일 수도 있다. 무엇을 위한 것이든지 항상 목표가 있어야 한다. 단련이 되면 보다 생산적인 사람이 될 것이다.

시간관념에 철저하라 (Insist on punctuality)

연습 시간이 오전 8시로 계획되어 있으면 시간을 지켜서 가라. 그러나 7시 59분도 늦는 것이다. 정식 리허설이 8시에 시작되도록 정돈하고 준비하는 시간이 충분히 있어야 한다. 신임할 수 있는 사람이 늦는 경우가 있다. 계율적 중심이 아니라 할 만한 가치가 있는 일은 제대로 하라. 우리는 흔히 무질서로 인해 시간을 쉽게 빼앗기고 낭비하게 된다. 연습에 항상 늦는 사람은 주로 주요 연주자여서 결과적으로 그 사람이 도착할 때까지 본격적 리허설을 시작할 수 없다는 것이 나의 경험이다. 미리 계획한 그날 일정에 따라 제시간에 온 사람은 비장의 인내심으로 참다가 더이상 참지 못하고 불만이 일어날 수도 있다는 것을 알라.

우선 순위의 수립 (Establishing priorities)

관찰해 보면 헌신적인 음악가들은 교인들 중 가장 바쁜 사람들도 있다. 자기 일의 우선 순위를 계획하면 어떤 긴장감과 중압감은 틀림없이 확인되고 해소가 된다는 의미한다. 따라서 우선 순위를 잡는 것은 매우 중요하다. 그거야 당연히 그렇다고 생각될지 모르나 또 한번의 설명이 필요하다. 즉, 첫째로 중요한 것은 하나님과의 개인적 관계이다. 이것으로부터 축복의 흐름이 시작될 수 있다. 하나님과의 직접적이고, 실질적이며 신선한 관계가 사역하고자 하는 모든 사람의 생활 속에 확립되어야 한다. 그 이하의 것은 기계적이며 생명력 없는 사역이 될 것이다. 음악인은 자기 직분에 확신을 가지고 불러 주신 하나님의 마음(heart)과 생각(mind)을 더 많이 이해해야 한다.

가정 안에서 좋은 상호관계를 유지하는 것도 매우 중요하다. 가정에 대한 책임을 소홀히 말라. 가끔 하나님은 교회를 만들기 전에 가정을 만들었다고들 말한다. 그럼에도 기독교인의 가정도 아버지나 어머니가 '하나님의 사업' 에 종사하기 때문에 소홀히 되는 것을 우리는 자주 목격한다. 나는 내가 성직자의 일을 함으로써 우리집 아이들이 아빠를 가정에서 빼앗겨 침울해지지 않기를 바란다. 나는 좋은 아버지가 되길 바란다. 나는 아이들이 인생이란 얼마나 흥미 있는 것이며 하나님의 계시된 뜻 안에서 산다는 것이 얼마나 좋은 일인가를 알게 되길 바란다. 나는 그들이 인생을 사랑하고 하나님을 사랑하고 마음을 다 바쳐 하나님께 봉사할 것을 바란다. 이런 점에서 나는 나의 가정의 제사장이다. 나는 예수님이 교회를 사랑하고 봉사하셨듯이 나의 아내를 사랑하고 봉사할 책임이 있다. 내가 하나님을 위하여 모든 봉사를 다 한다 해도 나의 아내에게 사랑과 시간과 관심을 주지 못한다면 아무런 이득이 없다. 우리는 지금 주간 계획에 가정의 시간과 가족과 함께 하는 시간을 적어 넣는데 어느 정도 효과가 있다. 가족 내에서의 대화가 안되면 다른 모든 것은 무의미하게 된다.

젊은 음악가 여러분, 부모를 공경하라. 부모를 사랑과 존경으로 모셔라. 나는 하나님에 대한 봉사의 기초로서 훌륭하고 강력한 가족관계를 가지고 있다고 믿는다.

당신이 비종교적 직업에 종사한다면 분명하고 강력한 신앙고백을 하도록 하라. 직장에서 어떤 부류의 사람이 되고 교회에서 다른 사람이 되는 이원론적 사람이 되어서는 안된다. 당신의 사역이 하나님을 공경하는 생활에서 흘러나오도록 하라.

건강을 돌보라. 현명하여라. 과로는 병으로 이어지기 쉽다. 당신이 아프다면 음악적 책임 완수가 어렵다. 그러면 당신을 크게 의존하는 목사님을 실망시키게 될 지도 모른다. 우리 몸은 성령의 전당이므로 잘 돌보고 귀중하게 다스려야 한다.

지속적으로 감당할 수 없는 봉사 업무에는 투신하지 말라. 시간이 많이 소요된다는 점에 유의하라. 정확한 인생관에 맞추어 살고 봉사 생활도 그에 맞추어 하라. 우리는 하나님의 목적에 맞추어, 분리되었으면서도 자기 인생을 충분히 사는 완전한 사람이 되어야 한다. 풍요로운 인생을 산다는 것이 무엇인지를 보여주는 시각적 교육재료(visual aids)가 되어야 한다. 그밖의 인생사에 대하여는 우리가 오늘날의 사회와 진실하게 관련을 맺고 교통하기 위해서는 청렴하고 건실하게 추구하는 것이 중요하다. 우리가 직분을 다하지 못하는데서 알려질 것이 아니라 우리의 직분을 다 함으로써 알려지도록 하자.

항상 뛰어나고자 노력하자. 우리들 중 많은 사람들이 우리의 능력 이하에서 정착한다. E b maj가 어렵다는 이유만으로 그 음조의 연주를 피하지 말라. 어떤 찬송가는 그 무드와 멜로디가 그 음조에 가장 적합하기 때문에 그것에 맞추어 작곡된다. 편리하다고 해서 Emaj로 바꾸어 연주하기 때문에 그 노래의 본질적 품위를 손상시키게 된다. 음악 이론 때문에 좌절된다면 하나님께 알도록 해 달라고 요구하라. 귀로 연주하는 것이 어렵다면 하나님께 그 능력을 달라고 요구하라. 어떤 상황에서든지 기능연마에 최선을 다 하라. 맡은 바 직무에 헌신하라.

집회에서 (At a service)

미리 도착하라 (Arrive early)

준비 기도 시간에 맞추는 것이 아니라 당신의 악기를 조율하고 단원 좌석이 정돈되어 있는지 확인하는 시간을 가져야 한다. 트럼펫 케이스와 가방과 코트와 악보 스탠드 등을 넘나드는 것은 질색이다. 준비가 되었으면 들락날락하지 말라. 사람들이 도착하면 개인적인 즉흥 리사이틀은 해서는 안된다는 것을 유념하라. 악기를 조율했으므로 기도에 참여하여 자신을 조율하라. 미리 도착한 다른 음악가들과 함께 기도하고 예배하라.

악기를 정위치 시켜라 (Position instruments)

그래서 앙상블이 훌륭히 이루어지도록 하라. 악장과 (경우에 따라서는 목사님과) 눈이 마주치게 하라. 주의력과 기민성도 중요하다. 찬송과 예배의 시간에는 여러 가지 자세가 허용되나 눈을 마주치는 것은 매우 중요하다. 나는 눈을 감을 뿐만 아니라 보기에는 귀도 막은 듯한 음악가들을 본 일이 있다. 어느 선임 기타리스트(lead guitarist)가 걸핏하면 불가사의하게 오리무중으로 사라지는 예가 있었다. 그는 기도가 진행되는 상황에서도 드나들어 나는 마침내 그를 그만두게 했는데 그가 '사정이 좀 다르다!' 는 것을 알아차리는데 약간의 시간이 걸렸다.

항상 연주하는 것이 아니다 (Don't play all the time)

연주란 모든 사람이 동시에 출발하여 거의 동시에 들어오는 경주가 아니다. 때에 따라서는 어떤 악기는 연주하지 않는 것이 노래에 어울린다. 서로 들어라. 음의 장막을 연상하고 악기들이 직물을 엮어 짠다고 생각하라. 성령의 움직임을 느껴라. 담당하는 악기로 찬송가의 품위를 높이도록 하라.

연주하지 않는 시간을 가져라
(Take time out from playing)

악기를 내려놓고 찬송과 예배에 참여하라. 기술적 숙달만으로는 충분치 않다. 먼저 예배하는 자가 되고 그 다음에 음악가이다. 만약 개인적으로 하나님과 동행함에 비틀거린다면 음악가 직무에서 용기 있게 물러서라. 당신 자신에게 기도가 필요하면 항상 남에게만 하려 하지 말고 기도를 받아라. 영이 고갈되면 남을 위해 봉사할 수 없기 때문이다. 하나님 안에서 충전하고 기쁨을 재생하여 하나님께 음악 연주로 봉사하라.

낭송을 하되 음악적으로 영적으로 하라
(Provide continuity – musically and spiritually)

음악가들도 일획(一劃)을 긋는 시간을 가질 수 가 있다. 예를 들면 하나님의 말씀을 낭송하고 그 말씀과 연관되어 찬송가가 흐르도록 한다. 이 낭송에 의한 연결 중에 한 악기가 부드럽게 연주되면 예배의 흐름과 예배드리는 마음을 지속시킬 수 있다는 것이다. 그런데 배경음악이 결코 지배적이어서는 안되기 때문에 민감하게 연주되어야 한다.

피치와 템포 (Pitch and tempo)

이 두 가지는 코러스나 찬송가의 성공 여부에 이바지하는 요인이다. 음의 고저는 회중의 대다수에게 편안해야 한다. 너무 높으면 대부분이 포기하고 너무 낮으면 노래가 추진력과 박진력과 호소력이 없게 된다. 절과 절 사이의 모듈레이션(modulation 역주 : 음조를 맞추기)을 잘 택하면 노래의 격조를 높일 수 있으며 예배의 절정감에 도달하는데 도움이 된다.

템포도 흔히 소홀히 취급하고 있다. 대부분의 노래를 주로 중간 템포의 감정으로 부르는데 그렇게 하면 중간 수준의 찬양으로 그치고 만다. 찬송가가 정말 높이 은혜롭게 되기 위해서는 열정을 가미해야 한다. 어떤 예배의 노래는 속도를 느리게 함으로써 보다 강하고 감동을 주는 경우도 있다. 널리 보급될 가능성이 있는 코러스나 찬송가는 여러 가지 속도로 연주해도 좋은 것이 있다.

단순함

멋진 증음과 감음, major 7th와 9th 코드 등을 모두 배운다는 것은 훌륭하지만 단순함이 요체일 때가 있다. 천재가 이런 단순 처리를 잘한다. 화음으로 노래하기를 좋아하는 회중일수록 코드를 많이 사용하는 연주가를 만나면 당황하고 실망하게 된다. 우리가 하고자 하는 것은 모호성이나 똑똑함이 아니고 의미 있고 은혜가 충만한 예배를 바쳐 주는 일이다.

노래를 깨끗하게 시작하고 깨끗하게 맺어라

산뜻하고 잘 다듬은 전주곡은 노래를 자신 있게 부를 수 있도록 한다. 물론 '준비, 차렷, 출발!' 하는 식으로 항상 준비시키고 시작음을 알려줄 필요는 없다. 그러나 노래에 정확한 추진력을 주도록 전주곡을 구성할 줄 알아야 하며 노래가 끝나면 음악도 그 종료를 분명히 알리도록 하는 것이 효과적이다. 전주와 종료의 연주는 많은 연습을 거쳐야 한다.

사람들을 축복하라

종된 자의 마음으로 축복하라. 하나님이 당신을 통해 그들을 축복하시도록 하라. 당신 자신을 고립시키거나 단지 음악을 아는 사람들과만 만난다는 것은 금물이다. 사람들을 격려하는 자가 되라. 당신은 그들에게 봉사함에 있어 측정할 수 없을 정도의 특권을 가지고 있다. 그들에게 기쁨으로 봉사하라. 불평하거나 한숨짓거나 불만을 품거나 험담하지 말라. '아무도 우리를 이해 못한다' 라는 망상의 소유자가 되지 말라. 항상 성령의 기름 부음 아래서 연주토록 하라. 이것이 무엇을 뜻하는지를 안다는 것은 쉽지 않은 일이다. 그러나 반대로 성령의 기름 부음을 받지 못했다는 것을 아는 것은 대단히 쉽다.

셀라 (Sellah)

잠시 쉬어라. 하나님이 당신에게 말씀하시는 것을 잘 생각하자. 당신의 인생과 직분에 대한 하나님의 부르심을 생각하라. 맨 먼저 하나님이 구하시는 것이 당신의 능력이 아니라 당신의 하나님에 대한 소용당함(availability)이다. 악사들이 이스라엘의 궁정과 부자들의 안뜰에서 보배로 생각되었듯이 여호와 하나님은 그분께 봉사하는 당신들을 그 전에서 보배로 여기실 것이다.

성직자의 잠재력 발견

4. 싱어와 찬송
The Singer and the Song

수준 높은 싱어들은 그 타고난 솜씨 때문에 자신들의 생각만으로 흔히 자신을 과대 평가하고 있으나, 다른 사람들의 눈에는 연습 부족으로 비춰진다. 인간의 목소리는 원만하게 길들이고 꾸미고 계발해야 한다. 목소리를 못쓰게 되면 사역을 못한다. 좋은 목소리와 선한 영 사이에 균형이 잘 이루어진다는 것은 매우 중요하다.

싱어들이여, 자신을 통찰하고 하나님이 당신을 '귀히 쓰는 그릇'(디모데후서 2 : 21)으로 삼으시도록 하라.

여호와 하나님께 노래를 바치는 것은 우리 존재의 모든 것 즉, 영과 감정과 마음과 지혜를 바치는 것이다. 이 중 가장 중요한 알맹이는 우리의 영이다. '하나님은 영이시니 예배하는 자가 신령과 진정으로 예배할지니라' (요한복음 4 : 24). 속세의 음악은 다른 사람들에게 정서적으로 감명을 주고 감동되도록 연주된다. 하나님의 음악은 예수님을 나타내고 영광되게 함으로써 생명과 진리를 다스리므로 속세 음악을 능가한다. 그러나 이것은 싱어와 노래, 연주자와 악기 자체가 기름 부음을 받았을 때 즉, 성령에 듬뿍 잠길 때에야 가능한 것이다. 우리의 생활과 예배에 성령께서 임하시지 않으면 단지 말과 아름다운 음악 외에는 아무것도 베푸는 것이 없다. 그러나 우리가 기름 부음을 받고 성령이 우리의 악기와 음성에 임하실 때에는 우리는 그 특정 예배에서 하나님의 소망하시는 바와 그 뜻에 따라 사역을 할 수 있게 된다. 인간의 생활의 멍에를 부수고 사로잡힌 자를 자유케하는 것은 재능이 아니라 예수님이 말씀하셨듯이 '주의 성령이 내게 임하셨으니 이는 · · · 내게 기름을 부으시고 · · · 주의 은혜를 전파케 하심이라' (누가복음 4 : 18~19). 예수님께로 임하신 그 성령은 우리가 힘과 권위로써 사역할 수 있도록 우리의 예배를 실천적 방향으로 개혁하실 수 있는 능력이 있으시다.

주권자이신 여호와 하나님
그 성령이 내게 기름을 부으시고
내게 임하시어 가난한 사람들에게
좋은 소식 복음 전하라 하시네

하나님은 나를 부르시어
상심한 자들을 위로하고
모든 사로잡힌 영혼을
건져 주어 자유케 하라 명하시네

고치시고 세례하시는 예수님
만군의 왕, 승리자, 구원자
오직 구세주 예수님을 알려라
그분이 여호와임을.
(*C. A. Bowater*, 1985)

싱어와 성령 (The singer and the Spirit)

'이는 마음에 가득한 것을 입으로 말함이라' (마태복음 12 : 34).

기도로 마음을 가다듬어라
당신의 직분에 축복이 내리는 데는 지름길이 없다.

오 너희들 한숨짓고 번민하며
능력이 없음을 한탄하는 자들아,
이 부드러운 속삭임을 들어라
'나와 함께 한 시간만 깨어 있거라'
가득한 열매 축복을 받는 길엔
왕도가 없음이러니.
성스럽게 하나님을 모시는 것은
바로 그분과 교제함이러라.
(From Dick Eastman, No Easy Road/Baker Book House)

하나님은 기도하면서 행하고자 하는 헌신적 마음을 가진 자들을 찾고 계신다. '의인의 간구는 역사하는 힘이 많으리라' (야고보서 5 : 16)라고 하나님은 말씀하셨다. 이 말씀을 '하나님과 훌륭한 친교를 맺고 기도하는 사람은 많은 것을 이룰 것이다' 라고 해석할 수 있을 것이다. 어쩌면 우리가 진정으로 기도에 몰입하지 않기 때문에 예배를 통해서 영적으로 많은 것을 성취하지 못하는지도 모른다.

가르쳐 주옵소서
하나님 능력을 받을 수 있도록
하나님 능력에 내 손닿는 법을
하나님 나라를 가까이 오게 하는 법을.
가르쳐 주옵소서
그 은밀한 장소의 신기함을.
가르쳐 주옵소서
하나님께 기도하는 법을.
가르쳐 주옵소서
하나님의 자비함에 내 손닿는 법을.

가르쳐 주옵소서
산도 옮기는 그 믿음이 무엇인지를.
가르쳐 주옵소서
하나님 얼굴을 찾을 수 있는 길을.
가르쳐 주옵소서
하나님께 기도하는 법을.

의인의 간구는 역사 하는 힘이 많으며
의로움이 한 나라를 높이네.
하나님의 성스러운 불로 거룩케 하시고
모든 것이 온전케 되도록 간구하시네.

우리는 누굴 의지해야 하나?
하나님을 의지하라!
어떻게 외치오리까?
온 정성을 다해 외쳐라.

오, 여호와 나의 하나님
나의 영혼이 당신을 기다립니다.
오직 당신만이
우리를 구원하십니다.
오 하나님 불쌍히 여기소서
돌아서지 마옵소서
구원받은 건강함이
온 나라에 넘치게 하소서.
(C. A. Bowater, 1984)

'만일 우리가 우리 죄를 자백하면 저는 미쁘시고 의로우사 우리 죄를 사하시며 모든 불의에서 우리를 깨끗케 하실 것이다'(요한1서 1 : 9). 그러므로 죄사함을 받도록 기도하는 것으로 우리 마음을 가다듬어야 한다.

죄를 오래 간직한 채 살아가면 정말 하나님에게 소용되는 것들이 다 파괴된다. 그래서 기쁨과 잠재력을 빼앗긴다. 우리가 하나님께 효율적으로 사역하고자 한다면 죄가 제거되어야 한다. '내가 내 마음에 죄악을 품으면 주께서 듣지 아니하시리라' 라고 시편 66편 18절은 말한다. 자백하지 않은 죄는 자동적으로 하나님의 귀를 막아 버린다. '하나님이여 불쌍히 여기옵소서 나는 죄인이로소이다'(누가복음 18 13)와 같은 즉석의 겸손한 기도와 자백도 엄청난 사함을 내리게 하신다.

기도가 사탄을 몰아 낸다. 사탄의 단죄와 궤변은 우리의 모든 죄를 깨끗이 씻어 주실 우리 하나님이신 예수의 피(요한1서 1 : 7) 앞에서는 질식하고 만다. 요한계시록 12장 11절에도 '여러 형제가 어린양의 피로 · · · 저를 이겼으니 · · ·' 죄의 사함을 받았을 때, 우리 생활이 사탄의 마수에서 건져진다는 것을 알려준다.

'기도 그러나 진정한 기도 그것도 이성적 기도라야 마왕을 패주시켜 사탄의 악마들을 몰아낸다. 다윗은 광야에서 거인을 대적하기 전에 사자와 곰을 은밀한 숲속에서 죽였다'(S.D. Gordon, Quiet Talks on Prayer, Grosset and Dunlop, New York). 노래를 부를 적마다 하나님의 기름 부음을 받도록 기도하라. 기름 부음을 받지 않고는 우리는 아무것도 할 수 없으며 우리는 아무것도 아니다(요한 15 : 5). 진정으로 생명에 영향을 끼치는 것은 우리의 마음속을 흐르는 성령 뿐이다. 많은 사람들이 훌륭하게 부르는 노래에 감명받고 흥분되고 정서적으로도 감동된다. 그러나 사람을 실제로 변화시키는 것은 우리들 안에서 일하시는 성령이다. 즉, '오직 성령이 임하시면 너희가 권능을 받는다 · · ·'(사도 행전 1 : 8). 하나님은 기도하는 자들에게 그의 권능을 부어 주실것이라고 말씀(사도행전 2 :

17~18)하신다.

육체적 힘과 착상과 이념으로 '여호와를 위한 일'을 어려움 없이 시도할 수는 있다. 그러나 봉사나 일이 필요한 것이 아니고 열매가 필요하다. '···저가 내 안에, 내가 저 안에 있으면 이 사람은 열매를 많이 맺나니 나를 떠나서는 너희가 아무것도 할 수 없음이라'(요한복음 15 : 5). 또한 '이는 힘으로 되지 아니하고 능으로 되지 아니하며 오직 나의 영으로 되느니라'(스가랴 5 : 6)라고 하셨다. 당신의 사역의 결과는 무엇인가?

노래로 하는 예배가 단순히 프로그램 메꾸기로 간주되는 것이 아니고 분명하게 예배로서 인정된다면 그것은 모든 예배의 기준으로 자리잡게 될 것이다. 그리스도의 왕국을 전파하는 방법이야 어떻든 기독교인의 일은 불가피하게 반대 세력과의 충돌을 의미한다. '우리의 씨름은 혈과 육에 대한 것이 아니요 정사와 권세와 이 어두움의 세상 주관자들과 하늘에 있는 악의 영들에게 대함이다'(에베소서 6 : 12)라고 하신 말씀을 우리는 자꾸 잊어버린다. 이러한 적들이 멸망하지 않고는 우리는 아무 것에도 도달하지 못한다. 종교적인 화려함은 어둠의 영이 숨어드는 계기를 만들어 준다. 설교 자체나 훌륭한 가창이 악의 영들을 제거하지 못한다. 다만 성령을 향해 마음을 열고 하나님의 보좌 앞에 정렬하며 그리스도 안에 확실히 자리잡음으로써 우리의 적을 물리칠 수 있는 능력을 갖게 된다. 더우기 우리의 생명이 하나님의 능을 계속해서 받지 못하면 성령의 증거 하심을 기대할 필요도 할 수도 없다. 우리 멋대로 살면서 하나님이 능력을 발휘하시기를 바랄 수는 없다(야고보서 4 : 7).

임하소서 성령이여, 뜻대로 오소서
미풍같이 부드럽게 조용히 임하소서
돌풍과 같이 강력한 권능의 힘으로 오소서
임하소서 성령이여, 지금 오소서.

임하소서 성령이여, 불길처럼 오소서
나를 씻고 능력을 주시며 영감으로 채우소서
고침의 기름을 한껏 부으며 임하소서
임하소서 성령이여, 지금 오소서

물살처럼 바다의 파도처럼 오소서
나를 가로막는 모든 것 헤치시며 오소서
산에서 흐르는 냇물처럼 신선하게 오소서
임하소서 성령이여, 지금 오소서

임하소서 성령이여, 뜻대로 오소서
내 안에서 나를 통해 주님 뜻 이루소서
구세주 닮도록 이끌어 주시길 기도합니다
임하소서 성령이여, 지금 오소서

주님의 자녀로 살 수 있게 하시고
예배와 찬송 마음껏 샘솟는 자녀 되게 하소서
성령이여, 나에게 거듭남을 주옵소서
임하소서 성령이여, 지금 오소서
(C. A. Bowater, 1982)

자신의 심중의 동기(motives)를 살펴 보라. 케이스 그린(Keith Green)은 다음과 같이 말했다.

사람은 자기가 우상화하는 대상과 같이 되기를 진심으로 바란다. 많은 사람들이 자기가 좋아하는 복음성가 가수와 연주자처럼 되기를 원한다. 그들은 하나님이 우리가 하나님을 찾기를 바라는 것과 같은 열정으로 그것을 갈망한다. 우리는 은혜의 성령이 예수님을 위한 자리보다는 그들 자신을 위한 자리를 마련하시라고 모욕한다.

'대저 그 마음의 생각이 어떠하면 그 위인도 그러한즉···' (잠언 23 : 7)이라고 말씀하셨다.

어렸을 때 나는 선친께서 동기의 중요성에 대해 왜 그토록 강조하셨는지 잘 이해를 못했다. 나는 거의 매주 선친의 교회 성도들에게 동기를 잘 살피라고 주의시키곤 했다. 깨달음은 나이가 듦에 따라 이루어지는 것인지 이제 나는 그 동기라고 하는 것을 우리 생활의 관건이라고 생각하게 되었다. 육의 생활은 명예를 탐하고 그것을 보존하고 계속 추구하려 한다. 그리스도적 인생관은 명예욕을 버리는 것이다.

스스로 만들어 낸 포부와 목표를 저버리는 것이 중요하다. 여기서 저버린다는 것이 무엇인가를 음악가들은 알아야 한다. 위장된 겸손은 안된다. '나는 특별한 인물이 아니다' 라는 생각이 정말 겸허한 것이고 영적인 것이다. 이에 대한 검증은 남이 '당신은 특별한 인물이 아니다' 라고 말했을 때의 반응을 보는 것이다. 사람은 그 행동보다는 반응을 봄으로써 그 인간됨을 가장 잘 알 수 있다. '내가 그리스도와 함께 십자가에 못 박혔느니···' (갈라디아서 2 : 20)라고 바울이 말했듯이 모든 면에서 '나' 는 우리 생활 속에서 십자가에 못박혀야 한다. '내' 가 누군데, '내' 가 생각하는 것, '내' 가 바라는 것 등등이 다 그렇다. '나' 라고 하는 것이 죄의 중심이며 하나님의 뜻과 결별하는 기본이다. '나' 는 십자가에 못 박혀 죽어야 하며 다만 그리스도의 생명 안에서 부활하는 것을 배워야 한다. 예수님의 생명 없이는 나는 아무것도 아니다.

나는 산발적인 실습을 의미하는 것이 아니고 그것이 생활화되어야 한다는 것을 말하려는 것이다. 우리는 날마다 자신을 부인(누가복음 9 : 23)할 줄 알아야 하는 것이다. 예수님을 따른다는 것은 매일 매순간 자신의 마음을 자기 십자가를 지고 확인해야 함을 말하며 그래야만 우리 직무에서 부활의 열매를 거둘 수 있게 된다.

사람이 죽으면 항변권이나 협약권 같은 생활의 모든 권리는 소용이 없어지고 묻히고 만다. 현세의 장이 마감되는 것이다. 영적인 면에서는 나는 죽었다고 주장하나 묻히기를 거부하는 것이 가끔 문제가 된다. 그리스도의 새로운 내면적 생명(indwelling life)의 열매를 맺기 위해서는 지난 생활의 모든 것이 죽어서 묻혀야 한다(요한복음 12 : 24).

만일 우리가 '이전 것은 지나갔으니 보라 새것이 되었도다' (고린도후서 5 : 17)라는 말씀에 우리가 준비하고 우리 생활에서 실현시키지 못한다면 이 말씀을 성경에서 지워 버리는 것이 나을 것이다. 이 진리의 하나님 말씀을 우리 생활에 강력하게 반영하려면 우리가 그것을 구할 뿐만아니라 적용해야 할 것이다. 우리는 실천적(radical)으로 변하여 하나님 말씀을 실행하여야 할 것이다.

당신은 '어떤 직분을 맡고 계십니까?' 라는 질문을 받아 본 적이 없는 사람은 손들어 보라. 많지 않을 것이다. 사람들이 'ministry'를 일컬을 때 거기에 마치 신비감이 있는 양 말하는 것을 느끼지 않는가? 'ministry'를 'My Ministry' 라고 대문자를 써서 (특별 취급하려는) 사고방식에 좀 식상함을 고백하지 않을 수 없다. 지금은 대문자 'M'을 떼어버릴 때이다.

오해 없기 바란다. 그리스도의 교회 안에서 일을 담당하는 것이 중요하다는 것을 부인하는 것은 아니다. 물론 하나님께서 교회에 인재들을 보내 주신 것을 감사한다. 그러나 진정으로 사역하고자 하는 사람에게 슈퍼스타 이미지는 온당치 못하다. '자신을 명성의 존재로 생각지 않았고 종으로서 행세하였으며 자기를 낮추고 죽을 때까지 순종하였다' (빌립보서 2 : 5~8).

그래 당신의 'ministry' 라구요? 그렇다면 예수님처럼 되고 종이 되어라. 사역은 섬기는 것이다(To minister is to serve).

첫째로, 부푼 자아(ego)를 버려라. 싱어들이여, 정직해지자. 의식적이든 무의식적이든 당신은 사람들의 반응을 얼마나 여러 번 직업 정보로 이용했는가? 우리 모두가 격려 받는 것을 좋아하고 또 그것이 필요하다. 더 많은 격려가 우리 주변에 일어나야 한다. 그러나 궁극적으로 격려를 자기중심적으로 해석하고 자기 생활 만족을 위해 이용한다. 우리가 무엇을 하느냐 보다는 우리의 성품이 어떠냐가 더 중요하다. 명성이란 남이 나를 어떻게 생각하느냐인 것이다. 성품이란 자신의 됨됨이다. 이것이 예수님이 자신을 명성의 존재로 만들지 않은 이유이다. 남들이 자기를 어떻게 생각하든 괘념치 않으셨다. 예수님은 자신의 존재를 알고 있었다. 만일 당신이 예배를 이끄는 잠재능력이 있다면 그 사역을 자랑으로 생각지 말아야 한다. 당신의 존재는 당신을 판단할 줄 아는 사람들이 확인해 줄 것이다.

둘째로, 종이 되어라. 예수님은 종의 행세를 하셨다. 이것은 우리 기독교 인구가 세계를 지배할 것이라는 유행 같은 생각과 상반되는 개념이다. 존 필립스(John Phillips)가 표현하듯 우리는 '치리를 훈련 중에' 있다. 확실히 '그리스도 안에' 있는 자들은 진정한 권위의 왕국에서 그와 함께 앉혀질 것이다(에베소서 2 : 6). 그러나 그 정복은 전재적 독재적 방법이 아닌 종으로서의 역할을 통해 이루어질 것이다. 하나님이 왕이신 나라의 정신은 종의 정신이다. 그때에 하나님은 종으로서 일하는 자들을 높일 것이나 그 높임은 우리의 좁은 소견으로 평가할 일이 아니다.

섬기는 일은 즉 봉사이다. 그 안에 화려함이나 자부심은 약속되지 않는다. 그저 봉사하라. 예배를 이끌고자 하는 자들은 부득이 봉사하는 생활을 하게 되며 종으로서의 직분의 정신이 증명되어야 한다(디모데전서 3 : 10). 종은 자신의 책임을 깊이 인식하여야 하며 (하나님의) 권위를 특히 존중해야 한다. 종은 항상 권위의 지휘하에 있다. 봉사함은 순종의 정신을 갖는 일이다. 외로운 첨병(Lone Ranger)같은 교역 단체(ministries)는 하나님 왕국에 속하지 않는다

(마태복음 20 : 26~28 참고).

　셋째로, 우리는 별정직이라고 생각할 필요가 있다. 거룩함으로 불리움을 받는 것은 예전에나 이제나 마찬가지다. '너희는 거룩하라. 나 여호와 너희 하나님이 거룩함이로다' (레위기 19 : 2). 그러므로 현시대의 추세와 기준에서 벗어나야 한다. 우리는 대안적 백성 즉, 하나님의 영광을 위해 따로 마련된 거룩한 나라가 되어야 한다.

　　너희가 내게
　　제사장 나라가 되며
　　거룩한 백성이 되리라
　　나의 영광을 위한 백성이니라.

　　내 말을 따르고 항상
　　내 언약을 지킬찌어다
　　너희는 내가 택한
　　나만의 보배이니라.
　　(*C. A. Bowater*, 1985)

　'주여, 이곳을 주의 영광으로 채우소서' 를 찬송했을 것이다. 우리는 성령의 전당이며 주의 영광만이 그 뜻에 따라 기름 부음으로 치러진 자들을 채울 수 있다(고린도전서 6 : 19).

　끝으로, 섬기고 봉사하는 마음을 확고히 정하자. '그러므로 사랑하는 형제들아, 견고하고 흔들리지 말며 항상 주의 일에 더욱 힘쓰는 자들이 되라. 이는 너희 수고가 주안에서 헛되지 않은 줄을 앎이니라' (고린도전서 15 : 58). 충성됨이 전제 조건이다. 믿을 수 없는 종을 두는 것은 어려운 일이다. 역대기에 자주 일컬어지는 음악인들은 노래로 찬송하는 시간이 따로 정해져 있었다. 그들은 부름을 받을 때에 정해진 방법과 시간에 자기 자리에서 연주함으로써 직무를 충성스럽게 수행했다. 오늘날 기독교 생활의 미덕 중 가장 지켜지지 않는 것이 충성스러움이다.

교회는 살아 있으며 말씀을 전하는 곳이고 세상은 하나님의 말씀을 알아들어야 한다. 우리가 어디에 있든지 생활 전반에 걸쳐 우리가 하는 모든 일에서 확고부동해야 한다.

그러므로 우리가 섬기는 일을 하고 있는가? 우리가 예수 그리스도의 종이며 전당인가? 라고 되물어야 한다. 그렇다면 '섬기는 일로 · · · 시중들 것이니라' (로마서 12 : 7). 하나님이 행여 우리를 택해 일하시지 않을까 경외하는 마음으로 하나님 앞에서 겸손해지자. 보다 예수님처럼 되자.

하나님 말씀을 공부하고 묵상하자

골로새서 3장 13절은 우리 생활이 하나님 말씀으로 채워져 있을 때 찬송의 노래가 어떻게 넘쳐 나오나를 잘 보여주고 있다. '그리스도의 말씀이 너희 속에 풍성히 거하여 모든 지혜로 피차 가르치며 권면하고 시와 찬미와 신령한 노래를 부르며 마음에 감사함으로 하나님을 찬양하라.'

하나님의 말씀은 올바른 사고방식을 제공하신다. 하나님은 하늘의 보좌에 굳게 자리하시고 우리를 의로운 곳에 잡아 주시며 그의 적을 비웃으신다(시편 2편). 하나님의 말씀은 날카로우시며 우리의 심중의 동기와 의도도 낱낱이 평가하시며, 강력하고 '양날의 검' 보다 예리하다(히브리서 4 : 12).

오 하나님, 주님의 말씀은
변하지 않는 진리로소이다
흔들리지 않고 안전하며
영원하고 굳건한 기초로소이다.
글로 쓰신 모든 말씀은

산 것들이 사라지더라도
세월에도 변하지 않고 남아
오직 영원한 진리의 말씀이 됩니다.

오 하나님, 주님의 말씀은
의로운 길을 가리켜 주시는
밝고 빛나는 등불 되어 비추사
갈 길이 환하게 보입니다.
하나님, 말씀으로 주님 백성 일깨우시고
우리들 마음속에 자리하시고
뿌리 내리시어 하나님의
풍성한 열매를 맺게 하소서

오 하나님, 주님의 말씀은
나라들을 치료하십니다.
하나님의 말씀은 질책하시고 바로잡으시어
평화를 실현하십니다.
여호와여, 우리들이 다시 한번
하나님 교훈을 의지하고
용서하시고 구원하시는
생명의 말씀에 의지토록 하소서

오 하나님, 주님의 말씀은
날카로운 능으로 가득하사
죄지음으로 굳어진 상처를
도려내시기까지 하십니다.
살아 계시고 힘을 주시는 말씀으로
이제 하나님의 백성을 움직이소서.

우리의 생활을 개혁하시어
우리 마음이 변치 않도록 보증하소서.
(C. A. Bowater, 1984)

두개의 적 : 시기심과 교만의 제거
(Dealing with two enemies: jealousy and pride)

시기심은 하나님이 정하신 목표를 빼앗고 영혼의 비통함을 가져다준다. 나는 감정을 상하게 하려는 생각은 없으나 경험에 의하면 싱어들은 무엇보다도 질투하기 쉽다는 것이다. 인간의 음성은 인격과 분리할 수 없기 때문이라고 나는 생각한다. 이것이 연주자와 다른 점이다. 비판을 암시하는 말을 하면 신상에 관한 것이 되는 법이다. 따라서 싱어간의 상호관계는 신상적 문제로 발전하기 쉽다.

질투심은 악마로부터 온다는 것을 알아두자. 그러한 마음의 태도는 '땅에 속한 것이요 육에 속한 것이요 악마에 속한 것'이고(야고보 3 : 15), 질투심이 있는 곳에는 '혼란과 온갖 더러운 행실이 있다(야고보 3 : 16). 명백한 사실이지 않는가? 악마 루시퍼(Luciper)는 혼돈의 제작자로서 질투에 능하다.

루시퍼(Lucifer)란 이름은 '빛을 든자' 혹은 '샛별(계명성)'쫄란 뜻이다. 이 자는 '기름 부음을 받은 덮는 그룹'(에스겔 28 : 14)을 의미한다. 루시퍼는 다른 대천사 미카엘과 가브리엘과는 달리 하나님으로부터 특별하고 명백한 임무를 부여받았었다. 루시퍼는 하나님의 영광을 장식하도록 기름 부음을 받았던 그룹이었다. 그는 노래로 하나님을 예배하고 하나님의 영광을 장식토록 특별히 기름 부음을 받아 그가 하늘에서 떨어지기 전에 아버지 하나님께 찬송과 예배를 주관하는 천사를 이끌었다.

그러나 죄지음이 그 장면에 끼여들었다. 이사야 14장 13, 14절은 그것을 설명한다. 루시퍼는 하나님에게서 눈을 떼어 자신의 미와 찬란함에 돌렸다. 그는 질투와 교만으로 가득했다. 그는 하나님에게 예배를 드리려는 마음 대신 자신을 위한 예배를 갈망했다. 그 결과 천사의 삼분의 일을 차지하고 반란을 일으켰기 때문에 하늘에서 쫓겨났다.

시기심은 사탄에 뿌리박고 있다. 그것을 경계하고 물리치자. 형제 자매의 성공을 갈망하고 그들을 격려하고 자신보다 그들을 중요시하자. '형제를 사랑하여 서로 우애하고 존경을 서로 먼저 하라' (로마서 12 : 10).

자신의 태도와 규범을 살피고, 남에게 부정적인 방향에서 자신과 남을 비교하지 말라(갈라디아서 6 : 3~4). 능력과 영적인 면에서 뛰어나게 되고자 노력하자. 반드시 다른 사람의 보다 나은 재능에서 배우고 악의나 원한을 품을 생각을 하지 말고 거룩한 소망을 갖자. 항상 남의 재능을 인정하고 남이 자신보다 낫다고 생각하자(빌립보서 2 : 3). 현시대적 경쟁심에 이끌리지 않도록 하자. 노력이 죄지음 되지 않도록 하자.

질투심이 만연하면 교회 전체의 조직은 파국에 이른다. 진리를 배워 우리 영 안에 깊이 자리잡도록 하여 현재의 자신이 오직 하나님의 은혜로 말미암고, 또한 형제 자매가 그리스도 안에서 말미암도록 하자. 그리고 은혜가 풍족(고린도후서 12 : 9)하도록 하자.

교만은 진리를 못 보게 한다. 자신을 있는 그대로가 아니고 그 보다 높이 생각한다면 스스로 속이는 것이다(갈라디아서 6 : 3).

교만은 보좌에서 내려다보시는 하나님의 눈을 피해 살아 남을 수가 없다. 육의 생활이 사라져야 우리는 하나님 안으로 더 깊이 들어갈 수 있다. 십자가의 칼로 전보다 더 집도되어야 한다. 우리가 하나님께 쓰임 받는다는 것은 만일 우리가 아니면 하나님이 절망적이 되실 것이라는 논리가 아니다. 하나님은 우리들 때문에 절망하시고 계신다. 우리의 섬김과 쓰임 받음은 우리의 입장이 아니고 하나님의 입장이다. 싱어들이여, 우리가 쓰이건 안 쓰이건 하나님께 소용이 있도록 해야 한다. 우리가 여기에 응하지 못한다면, 주님께 저를 바

칩니다 라고 거짓말 찬송을 하지 말라. 종된 마음으로 바친다는 것은 하나님이 손짓하실 때 우리는 움직이고 안 그러시면 가만히 있어야 함을 의미한다. 우리는 이것을 알고 있다고 생각하지만 다른 사람이 우리 대신에 선택되면 그때는 거부 반응과 속상함과 원망과 질투와 교만의 모든 낡은 감정이 되살아난다. 이것을 고침 받는 것은 오직 회개와 겸손과 배우려는 마음을 갖는 일이다.

요한1서 1장 9절에 '만일 우리가 우리 죄를 자백하면 · · · 우리 죄를 사하시며 · · ·' 라고 쓰여 있다.

야고보서 4장 10절은 '주 앞에서 낮추라 그리하면 주께서 너희를 높이시리라' 라고 가르친다.

베드로전서 5장 5절엔 ' · · · 순복하고 서로 겸손으로 허리를 동이라 · · ·' 라고 하였다.

미가 5장 8절엔 ' · · · 오직 공의를 행하며 인자함을 사랑하며 겸손히 네 하나님과 함께 행하는 것이 아니냐' 라고 하셨다.

갈채를 어떻게 받아들일 것인가
(How to handle applause)

감히 단상에 서서 '주목하시기 바랍니다' 라고 말하다니 우스운 일 아닌가. 그런 괘씸한 교만함은 십자가에 못 박혀 죽어서 묻혀야 하며, 사심 없는 마음으로 사람들 앞에 설 수 있어야 한다.

갈채에 대처하는 것은 어렵다. 회중이 자발적 즉석 박수를 칠 때 어떻게 해야 할지 몰라서 당황할 때가 많다. 그럴 때 어떻게 해야 하나. 멋쩍게 웃어야 하나 절을 해야 하나? 얼빠진 모습을 해야 하나?

갈채를 무서워하지 말라. 여호와께 바치는 찬송을 모으는 것처럼 갈채를 받아들여라. 당신들에게 향하는 갈채를 방향을 돌려 하나님께 감사드림으로 삼으라. 자, 성도 회중과 함께 박수하여 그 감사함을 여호와께 바치자.

공연의 날 마지막에 하나님께서 당신이 일할 수 있도록 베풀어주신 모든 것에 대해 찬미하고 반드시 여호와께 저녁 예배를 드리도록 하자. 하나님께 영광 돌리고 하나님께서 당신을 통해 일하시기 위하여 당신 속에서 작용하셨음을 인식하자.

어쩌면 어떤 사람이 당신이 부른 찬송의 노래에 대하여 당신에게 감사할 때 말을 잊은 적도 있을 것이다. 아마도 그 찬송이 정말로 그들 생명에 기름 부음의 일을 했기 때문에 그들이 감사함을 전하기를 바라는 지도 모른다. 항상 그 감사를 은혜롭게 받아 드리자. 사람들이 '감사합니다' 라고 자연스럽게 말한다는 것은 좋은 일이다. 격려는 아무에게도 해롭지 않다. 그 모든 선의의 격려와 고마움의 표시가 자신을 과대 평가하는 계기로 삼는다면 바로 그때가 일이 잘못되기 시작하는 시점이다. 세상의 흥행사들이 자신이 내놓은 언론 보도를 사실로 믿을 때 문제가 시작된다고 사람들이 말한다.

오직 하나님의 은혜로 오늘날의 우리가 될 수 있었다는 것을 항상 잊지 말자(고린도전서 1 : 26~31). 우리가 재능과 능력을 너무 믿을 때 기름 부음 받음이 우리를 떠나는 때이다. 우리가 가지고 있는 타고난 능력으로 많은 사람에게 감명을 주고 영향을 미쳐 사람들이 우리의 음성과 발성법과 호흡 조절과 성실성에 관해 소견을 말할지 모르나, 그러한 바람직한 찬사들의 어느 하나도 우리 생활을 실지로 변화시키지는 못한다. 궁극적으로 '이는 힘으로 되지 아니하며 능으로 되지 아니하고 오직 나의 신으로 되느니라' (스가랴 4 : 6). 노래로 하는 예배를 진지하게 생각하자. 그러나 당신 자신을 과대 평가하지 말라. 완벽함을 위해 노력하는 것은 좋으나, 실수할 때가 있을 것이고 쥐구멍이라도 기어 들어가고 싶을 때가 있을 것이며 아무도 만나고 싶지 않을 때가 있을 것이고 자신이 바보로 느껴질 때가 있을 것이다.

무대 공포를 어떻게 극복할 것인가
(How to overcome stage fright)

내가 처음으로 회중 앞에서 독창을 한 때가 생각난다. 내 목소리가 트인지 얼마 안 되었을 때여서 내 자신이 굉장하다고 착각하고 있었다. 조지 비버리 쉬이(George Beverly Shea)같은 유명한 성악가가 수많은 청중의 가슴을 녹여 내는 음성으로 노래할 정도라고 생각했다.

리허설은 항상 그렇듯이 훌륭했다. 그러나 내가 일어서야 할 시간에 그만 내 다리가 흐느적거렸다. 갑자기 내 머리와 다리가 천리나 떨어져 있는 듯이 말을 듣지 않았다. 강단으로 가는 계단을 올랐다. 회중을 쳐다보았을 때 내 다리를 마비시켰던 그 두려움이 이번에는 나의 눈을 마비시켜 회중이 짙은 안개 속에 잠겨 있는 듯이 보였다. 올갠 연주자가 전주하며 시작음을 내주었다. 이번에는 내 귀가 이상해져 연습했던 곡으로 들리질 않았다. 이 난국이 나의 멍청한 표정으로 표현되었을 것이다. 전주곡이 두 번 세 번 네 번 연주되었다. 나는 미지의 세계로 들어가는 듯 했다. 그 노래의 셋째 줄까지 목소리가 조였으며 가사도 잘못 튀어나오고 피치가 안 맞았고 끝에 가서 겨우 음정을 맞추면서 노래를 끝냈다.

나는 아직도 긴장한다. 그러나 긴장과 무대 공포증은 아주 다르다. 긴장한다는 것은 아드레날린 분비를 증가시키는 유익한 역할을 한다. 하지만 무대 공포는 파괴적이다.

무대 공포를 치료하는 가장 좋은 길은 신념을 하나님 안에 확고히 두는 것이다. 나는 빼놓지 않고 하나님께 '하나님 저는 하나님 없이는 아무것도 아니며 아무것도 못합니다' 라고 말씀드린다. 하나님이 필요하다는 것에 대한 인정으로 훌륭하게 출발할 수 있다. 하나님은 하나님을 의지하려는 사람에게 결코 실망을 주지 않으신다.

'여호와는 나의 빛이요 구원이시니 내가 누구를 무서워하리요'

(시편 27 : 1).

'내가 두려워하는 날에는 주를 의지하리이다... 내가 하나님을 의지하였은즉 두려워 아니하리니 사람이 내게 어찌 하리이까' (시편 56 : 3, 11).

'사랑하는 자들아 만일 우리 마음이 우리를 책망할 것이 없으면 하나님 앞에서 담대함을 얻고 무엇이든지 구하는 바를 그에게서 받나니 이는 우리가 그의 계명들을 지키고 그 앞에서 기뻐하시는 것을 행함이라' (요한1서 3 : 21~22).

하나님을 의식해야 하며 사람을 의식해서는 안된다. 우리의 신앙의 동기의 원천은 무엇일까? 누구를 위하여 찬송을 하는가? 사람을 위한다고 해도 맞기는 하나 정확히 말하면 하나님을 위함이 더 맞는 것이다. 우리는 우선 하나님을 기쁘시게 하길 바라는 마음과 소망을 가져야 한다. 그런즉 하나님을 기쁘시게 하는 것이 우리의 목표이다 (고린도후서 5 : 9). 우리는 궁극적으로 우리가 주의 이름으로 하는 일에 대해 하나님께 책임질 수 있어야 한다. 모든 마음속의 동기가 그 결과로 훤히 보일 날이 올 것이다.

영적으로 준비하자 (Be prepared)

영적 준비와 함께 실질적 응용이 있어야 한다. 시간과 에너지와 노력과 기도함을 사역하는 일(ministries)에 투입하여야 한다. 부르심에 행함으로 응답해야 한다. 행함이 없는 믿음은 죽은 것이고(야고보서 2 : 17) 믿음 없는 행함은 소용이 없다. 이 말씀에 완전히 복종하느냐에 따라 진정한 사역(real ministry)인지 아닌지가 입증된다.

'··· 부끄러울 것이 없는 일군으로 인정된 자로 자신을 하나님 앞에 드리기를 힘쓰라' (디모데후서 2 : 15). 찬송가를 부른다는 것은 즉시 나타나는 것 이상의 의미가 있다.

1. 곡명(material)의 선택은 행사에 따라, 듣는 자에 의해 결정되는 것이지 결코 당신의 능력으로 되는 것이 아니다. 찬송가의 선택에 세심한 주의를 기울여야 한다. 하나 또는 두 개 이상의 찬송가를 연속해서 부를 때에는 균형의 문제를 고려해야 한다. 이것은 경험을 쌓아야만 알 수 있다.

2. 반주는 노래를 돋보이게 할 수도 있고, 망치게 할 수도 있다. 반주자(한 명의 피아니스트이든지 한 그룹의 연주자이든지)와의 인간 관계가 아주 중요하다. 연주자들도 기도를 포함한 모든 준비에 참여하고 그들이 최전방 집회에서 사역하는 태도를 충분히 평가해야 한다.

3. 찬송을 반드시 원래 음조로 불러야 하는 것은 아니다. 그 음조가 당신에게 맞지 않을 수도 있다. 각 노래에 따라 자신에게 맞는 음조를 찾아라.

4. 연습이 성공을 좌우한다. 어쨋든 완벽을 위해 노력하자. 시간을 잡고 노래를 철저히 배워야 한다. 피치나 악절 나눔(phrasing), 발성법이나 발음이 어려운 지점을 찾아내야 한다. 노래를 외우자. 책을 들고 노래한다는 것은 불필요한 격식이다. 노래를 정확히 부르지 못하면 청중에게 혼란만 야기시킬 수 가 있다.

5. 항상 자연스러워야 한다. 무게를 잡는 것처럼 분위기를 망치는 것은 없다. 있는 그대로 표정과 마음을 편안하게 하라. 항상 사과하거나 변명하는 것은 좋지 않다. 부를 만한 가치가 있는 찬송가라면 변명이 필요 없다. 노래와 노래 사이에서 너무 말을 많이 하지 말자. 천부의 재능으로 노래 부르는 것이므로 너무 긴말은 노래를 손상시킨다. 노래에 대한 선전이나 설명이 길어야 한다면 좋은 노래가 아니다.

6. 성령의 영감으로 집회 전이나 진행 중에 노래나 그 순서를 바꿀 수 있는 유연성을 항상 가져라.

우리 링컨 교회는 하나님이 싱어들을 보내주심으로 축복받았다.

유연성을 배우는 것이 그리 쉬운 것은 아니다. 그것은 때에 따라 그 모든 계획에도 불구하고 노래를 부르지 않는 상황 적응을 의미한다. 때로는 집회 도중 성령의 움직이심으로 말미암아 찬송 부름이 도를 넘는 행사가 되는 수도 있다. 우리 싱어들은 하나님의 필요에 따라 그들의 봉사가 제외되는 것을 이해할 줄 알게 되었다. 어떤 때는 계획 자체를 변경해야 하는 경우도 있다. 이곳에서는 싱어들이 이제 모든 계획은 '하나님의 뜻' 이라는 것을 알고 있다. 어떤 사람은 이것을 이해하지 못한다. 그들은 삼중으로 계획과 세부 사항을 수립해 놓아야 한다. 성령이 이끄시는 환경에서는 유연성이 오직 하나의 해결 방법이다. 그러나 정말 충분히 준비할 때에만 진정으로 유연해지는 것이다.

찬송가를 쓰는 사람 (The song-writer)

'친애하는 크리스 형제님, 하나님께서 이 노래를 주셨습니다. 이에 관해 형제님의 견해를 듣고 싶습니다 · · · ·'

'하나님이 주신' 것에 대한 의견을 말한다는 거북함과는 별개로 오늘날 지도 편달을 구하는 작사 곡가가 점점 더 붐을 일으킬 정도다. 나의 서류함은 답지하는 작품으로 터질 지경이다. 노소 불문으로 참신한 것이 있는가 하면 좌절감을 드러낸 것들도 있다. 이 새로운 유행의 창작열을 어떻게 보아야 하나?

요즈음 원고들을 검토하는 중에 노래를 쓰는 사람으로서 나의 성장 과정 특히 내 생애에 하나님의 작용에 관해 회고해 보겠다.

작가로서 나의 첫번째 시도는 어렸을 때였다. 열 다섯 살이었을 때 하나님이 나를 그곳에서 살도록 인도하시기 훨씬 전이었는데 몇 주간의 방학 동안 링컨샤이어(Lincolnshire) 해변 전도 집회를 돕는 일을 했다. 그 시절 내가 한 일들 중 피아노 아코디언을 연주했던 것이 생각난다. 어린이들이지만 노래를 잘들 했다. 좋은 날씨에 (날씨가 썩 좋지 않은 때가 더 많았다) 많은 어린들 마음에 복음의 씨가

뿌려졌다. 그때 하나님이 처음으로 나를 충동하셨다. 하나님은 영적 진리의 소재(the potential of spiritual truth)를 기억하기 쉬운 곡조로 장식하여 젊은 사람들의 마음과 생활에 넣어 주셨다. 어린이들은 그 노래들을 집으로 가져갔으며 그 영향을 확인하는 편지가 답지했다.

작품 제 1은 부드러운 왈츠풍의 곡이었다.

온후하신 예수, 구세주며 친구이셔라
주님을 내 생명 끝까지 사랑할래요.
갈보리 동산 나무에서 죽으시고
나와 같은, 나와 같은 죄인을
구원하셨네
나와 같은 죄인을 구원하셨네.

나의 하나님은 불가능이 없어라
하나님과 함께라면 무엇이든 이루어지네.
나의 하나님, 주님을 바라보는 모든 이를
변혁하시네.
나의 주님, 모든 죄를 씻어 주시고
죄를 사하시는 주님
죄를 사해 주실 주님
주님은 선하신 나의 하나님.

그후 런던의 왕립 음악 대학에 다니던 때에는 '시온의 노래들'이 불리워지지도 연주되지도 만들어지지도 않는 '이상한 나라'로 들어갔던 것이다. 그러나 여호와 하나님이 그 인자하심으로 나를 건지시었으며, 내가 가장 의기소침했을 때 나의 생명에 말씀을 불어넣으시어 은혜롭게도 나를 하나님께로 회복하셨다. 내가 다시 거룩케 됨

을 입은 후 잠시동안 하나님께서 나에게 노래를 주셨다. 그때에 가
장 특별하고 은혜로운 노래가 '십자가 앞에 무릎꿇고'였다. 그 2절
을 소개하면 다음과 같다.

죄사하심을 어찌 거절하리이까?
이 마음 무디어졌어도
하나님이 받아 주시네.
이제 나는 죄지은 모습
나의 참 모습을 그리스도 안에서 봅니다.
주님이 그 고통 당하심을 봅니다.
주님의 단 한마디 · · ·
여호와여 용서하소서 · · ·
갈보리 십자가 앞에 무릎 꿇어
깊이 회개하며
겸허히 절하옵니다.
(*C. A. Bowater*, 1976)

그제나 이제나 이 찬송이 특별히 내 마음에 자리잡고 있다. 그것
은 제단의 건축과 같고 하나님을 측량하는 기준점 같았다.
그것과 동시에 나는 아직도 값지다고 생각하는 코러스를 썼다.

갈보리의 사랑 내 마음에서 자라나
갈보리의 사랑 내 마음에서 자라나
갈보리의 사랑으로 나를 채우시고
내 안에 그리스도를 보이소서
내 안에 그리스도를 보이소서
(*C. A. Bowater*, 1976)

이렇게 해서 하나님과의 친교에서 직접적으로 생산되는 일련의 노래가 시작되었다. 즉, 하나님의 말씀을 표현하고 하나님의 행하심을 알리는 노래들, 사랑과 거룩함으로 권면하는 노래, 잃어버린 땅을 회복하도록 백성을 권면하고 자극하는 노래들이었다. 그러나 노래 창작의 흐름과 함께 좌절감도 있었다. 내가 하나님이 주신 것으로 믿는 이 노래들이 그 지방 교회를 벗어나 전파될 것인가? 결코 그렇게 될 것 같지 않았다.

18년 전에 링컨(Lincoln)에 어떤 움직임이 시작되었다. 링컨이 어디 있나? 지도를 보면 링컨이 어디 있는지 알 수 없다. 그런데 그곳이 하나님이 우리를 택하신 곳이다. 맏딸이 2살이었고 아내는 임신하여 한창 배가 부르고 나는 한창 포부에 부푼 학교 선생이었을 때다. 처음 열두 달 동안 우리가 살던 솔리헐(Solihull)로 돌아가고 싶었다. 그러나 하나님은 나의 생활을 다시 계획하시고 나의 포부의 골을 다시 잡아 주셨다.

여호와 하나님께서 링컨 집회에서 거동하시기 시작했던 것이다. 그것은 새롭게 잡힌 이상과 사랑의 흐름과 귀중한 직무와 찬송 안에서의 자유로움으로 분명하게 증거 되었다. 노래도 또한 훌륭하게 교우들의 신앙을 강화시켰다. '나는 예수님의 사랑을 기뻐한다', '나는 하나님 안에서 희열한다', '나는 예수 그리스도가 하나님임을 인정한다', '예수님의 사랑이 나의 마음을 풀어 주셨다' 등의 노래다. 찬송의 노래(songs in praise)에 대한 우리의 태도에 중대한 전환이 있었던 것이다. 그 노래들은 프로그램을 메꾸고 예배 전 워밍업의 역할에서 하나님께서 우리 안에서 행하시는 일들을 적극적으로 표현하는 수단이 되었다.

우연하게도 노래들이 그리스도의 교회에 전파되기 시작한 곳이 바로 여기다. 그런데 그 기나긴 기다림의 시간에 하나님은 나에게 중대한 교훈을 주셨다. 이 찬송의 노래들이 노래 그 자체로서 고여 있는다면 아무런 의미가 없다. 그러나 그 노래들은 축복의 저수지

즉 성령이 역사 하시는 곳으로부터 넘쳐흐른 것이다. 노래는 하나님
이 우리들 속에서 행하시는 위대한 일의 일부인 것이다. 그리하여
'아바 아버지 하나님', '하나님 앞에서', '예수님, 귀하신 분' 등 여
러 노래들이 각 대륙으로 퍼졌다. 하나님이 풀어 주시면 모든 일이
잘되는 법이다.

제 4 장

하나님 임재의 능력
The Power of God's Presence

1. 예배의 비교
Comparison of worship

다윗의 성막 회복에 관하여 많은 이론과 원칙들을 전개하는 글들이 많이 쓰여졌으므로 거기에 더 추가하고자 할 생각은 없다. 예수님이 완벽한 속죄의 희생을 하셨으므로 하나님은 이제 짐승의 희생에는 관심이 없으시다. 오늘날의 하나님의 소망은 교회 즉 그의 백성의 입과 교회가 바치는 찬송을 듣고 싶어하신다. 다윗의 성막의 찬송과 예배가 그리스도의 신부인 교회로 회복되었기 때문에 이 모든 날을 지나 이제야 찬송의 음성을 새롭게 들으실 것이다.

다윗의 성막은 신약의 교회(New Testament church)와 교회 시대(church age)를 위하여 새 언약(The New Covenant)에 의한 찬송과 예배의 방식을 제시하고 있다. 다윗은 믿음으로 우리에게 진정 필요한 것이 무엇인지 알았다. 우리는 시편 102편 18절의 '창조함을 받을 백성'의 세대이며, 그래서 우리를 위해 많은 것을 이룩하실 하나님이 거하실 나라인 시온 즉 찬송과 예배의 모든 것을 우리는 체험하게 될 것이다. 하나님의 권능이 바울과 실라를 위해 행하신 것을 보라(사도행전 16 : 25~24 참고).

다윗은 언약궤(또는 하나님 임재의 궤)를 다시 모셔와 시온산 성막에 안치하였다. 그러나 오늘날의 수많은 사람들이 그렇듯이 다윗 시대의 수많은 사람들도 옛날의 예배 방식을 그대로 쫓는 것을 좋아했다. 다윗과 많은 사람이 하나님을 시온산 다윗의 성막에 모신 언약궤 앞에서 아주 자유롭게 예배 드리는 동안, 10km 떨어진 기브온 산에서는 또다른 많은 사람들이 모세의 성막에서 옛날 의식에 따라 예배를 계속하였다. 그러나 하나님이 옛날 성막(시편 78 : 60)을 떠나시고 시온산을 택하신 것(시편 78 : 68, 132 : 12)이 비극이었다. 하나님 임재의 능력이 기브온이 아니라 시온산에 계셨기 때문이다.

이 비교의 목적은 둘을 분리시키자는 것이 아니라 결정하자는 것이다. 결국 우리는 하나님이 재가하신 것에 맞추어 서야 한다. 하나님의 임재가 최종적 재가인 것이다.

다윗의 성막 (The tabernacle of David)

다윗 성막의 예배는 박진감 있는 음향으로 특징 되었다. 즉 많은 새 노래와 연주자(역대상 23 : 5), 찬송(역대상 16 : 4), 손뼉치기(시편 47 : 1), 외침(시편 47 : 1), 춤(역대상 16 : 29, 시편 149~150편), 손을 추켜들기(시편 134 : 1, 디모데전서 2 : 8) 등이다. 이러한 것들은 모세의 성막에서는 볼 수 없는 것들이었다. 옛날 성막에서는 대제사장만이 언약궤 앞에서 예배하였던 반면 다윗의 성막에서는 모든 레위 사람들이 언약궤 앞에서 예배했다(역대상 16 : 37). 모세의 성막에서는 짐승으로 제사를 하였으나 다윗의 성막에서는 오직 영적인 제사만을 했다(시편 27 : 6, 116 : 17, 베드로전서 2 : 3~5, 히브리서 13 : 15). 히브리의 선지자들이 기록했듯이 우리는 시내산에 간 것이 아니라 '너희가 이른 곳은 시온산이라' (히브리서 12 : 22).

시편은 다윗의 성막에서 어떻게 찬송하고 예배했는지를 그림처럼 보여준다(시편 146 : 1~7, 148 : 1~6, 149~150편). 가장 중요한 원칙은 하나님이 백성들의 찬송 중에 보좌하시고 거하신다는 것이다(시편 22 : 3).

하나님은 백성의 찬송 중에 사시네
하나님은 백성의 찬송 중에 사시네

하나님이 계심으로 기쁨이 커지고

하나님의 축복이 부하게 하시네

성령의 흐름이 예배와 찬송에 기름 부으시며

자유케 하시네 자유케 하시네.

할렐루야 여호와의 기쁨이 나의 힘이요

할렐루야 나의 유업은 분명하도다

이 자유를 감사합니다.

그리스도 안에서 자유로워라

할렐루야 할렐루야 주님을 찬송하자.

(*C. A. Bowater*, 1981)

시온의 백성 (The people of Zion)

'온전히 아름다운 시온에서 하나님이 빛을 발하셨도다' (시편 50 : 2).

하나님이 거하시는 나라에는 구원과 성령의 세례와 병고치심과 구속과 승리가 있다(시편 87 : 5~6, 오바댜 17, 이사야 12 : 6, 33 : 5, 14). 하나님은 그의 시온 백성에게 두 배의 기름 부음을 내리셔서 어두운 영들의 권세에 대적해 싸울 수 있도록 하셨다. '시온의 백성들아 너희는 너희 하나님 여호와를 맞아들여 기뻐하라 그가 너희에게 의로움을 보일 스승을 보내주셨도다. 여호와는 너희에게 예전과 같이 가을비와 봄비 충분한 비를 내리시리라' (요엘 3 : 23, NIV).

이사야 61장 6, 7절은 시온의 백성을 위해 마련된 더 많은 축복에 관하여 쓰고 있다. '오직 너희는 여호와의 제사장이라 일컬음을 얻을 것이라 사람들이 너희를 우리 하나님 봉사자라 할 것이며 너희가 열방의 재물을 먹으며 그들의 영광을 얻어 자랑할 것이며 너희가 수치 대신에 배나 얻으며 능욕 대신에 분깃을 인하여 즐거워할 것이라 그리하여 고토에서 배나 얻고 영영한 기쁨이 있으리라.'

사탄은 교회를 반대하여 교회가 넘어지도록 온갖 힘을 다 쏟고 있다. 그는 교회에 종말이 오도록 힘쓰고 있으나 우리가 다리가 되어 본체를 온전히 떠받치고 있다.

우리의 선조는 상당한 계시를 받았으나 우리는 '모든 진리'의 세상으로 인도되어 갈 것이다(요한복음 16 : 13). '의인의 길은 돋은 햇빛 같아서 점점 빛나서 원만한 광명에 이르리라' (잠언 4 : 18).

하나님은 시온의 백성을 위해 영화로운 길을 마련하셨으나 우리에게는 많은 억압이 있을 것이므로 우리는 경계해야 한다. 예수님이 말씀하시기를 '너희가 사람의 미혹을 받지 않도록 주의하라' (마태복음 24 : 4) 그리고 '시험에 들지 않게 깨어 있어 기도하라' (마태복음 26 : 41).

아모스도 역시 적절히 주위를 환기시킨다. '화 있을진저 시온에서 안일한 자···' (아모스 6 : 1). 큰 축복이 내려질 때가 또한 큰 시험에 들 때일 수도 있다. 결코 안일하고 부주의하고 자족하고 교만하거나 불충하게 되지 말자. 다윗의 성막 시대의 제사장이었던 아비아달과 사독을 연구해 보면 알 수 있는 것들이 있다.

아비아달은 황야에서 시련을 겪었을 때와 압살롬의 반란 중에 다윗에게 충성했다. 그러나 그를 끝까지 믿을 수 있었던가? 슬프게도 그렇지 않았다. 그는 아도니아가 반란했을 때 다윗을 지원하지 못해서 결국 자기 직위를 잃어버리고 제사장직을 몰수당했다(열왕기상 2 : 26~27, 35). 그 이유는 단지 한순간의 안일함과 부주의로 인한 불충(unfaithfulness)이다. 그것이 가혹한 처벌의 이유의 전부였다. 아비아달은 은혜로운 자리에 있었으나 순간적인 그릇된 욕망의 유혹에 빠졌던 것이다.

기브온산의 모세의 성막 제사장이었던 사독은 다윗의 성막과 솔로몬의 성소의 제사장으로 승진했다. 왜일까? 그것은 그가 하나님과 하나님의 기름 부으심을 받은 자들에게 충성했기 때문이다. 에스겔 44장에는 두 부류의 제사장이 언급되어 있다. 높은 부류는 사독의 이름을 따서 불렀다. 그들은 여호와께 다가가 그 앞에 설 것이다

(에스겔 44 : 15).

　다윗도 유혹에 빠졌다. 그는 시온의 모든 축복 가운데서도 부주의 하였다(사무엘하 11 : 14). 그는 투사들의 수를 조사함에 있어 자신만만했던 실수를 저질렀다(사무엘하 24장).

　그러나 다윗이 젊었었을 때와 같이 우리도 하나님께 겸손하고 충실하고 하나님을 의지하면 다윗에게 있었던 것처럼 우리도 강성해질 것이다. '···만군의 하나님 여호와께서 함께 계시니···점점 강성하여 가니라' (사무엘하 5 : 10).

　끝으로,

　'···우리를 사랑하사 그의 피로 우리 죄에서 우리를 해방하시고 그 아버지 하나님을 위하여 우리를 나라와 제사장으로 삼으신 그에게 영광과 능력이 세세토록 있기를 원하노라 아멘' (요한계시록 1 : 5, 6).

하나님 임재의 능력

열매로 그 사람을 압니다!

꿈이 많은 사람

입술의 열매 1,2 꿈이 많은 사람 지음/각권 값 6,500원

"우리의 입술로 아름다운 세상을 만들자!" 지치고 방황하는 모든 사람들에게 따뜻한 말, 위로의 말, 사랑의 말이 필요하다. 그들에게 힘과 용기를 주고 비전을 품을 수 있는 긍정적인 말을 들려주자! 이 시대의 절망이 사라지고 희망을 부르는 격려와 희망의 말을 건네자!

순종의 열매 1,2 꿈이 많은 사람 지음/각권 값 7,000원

"진정으로 하나님께 복받기를 원하십니까?" 순종이 제사보다 낫다는 사무엘의 명언을 기억하는가? 많은 헌금, 빠짐없는 예배 참석, 여러 가지 교회 사역들… 보이는 것만으로 당신이 하나님의 사람이라고 말하지 말라! 하나님은 작은 것부터 순종하는 자에게 하나님의 나라를 허락하셨다.

겸손의 열매 1 꿈이 많은 사람 지음/값 6,000원 (2권 근간)

"가장 낮은 자의 모습을 아십니까?" 동서고금을 막론하고 "겸손"은 사람들에게 최고의 덕목이었다. 지금까지 실패한 사람들의 공통점은 겸손하지 않았다는 것이다. 예수님은 겸손하시므로 언제나 최고의 것들을 드러내셨다. 진정 성공하길 원한다면, 예수님을 닮기 원한다면 겸손의 열매를 맺으라!

열매가 없으면 수확의 기쁨도 없다!

소중한 사람들에게 줄 선물 때문에 고민하고 계신가요?
그들이 삶 속에서 풍성한 열매를 맺을 수 있도록
씨앗을 선물해 보는 건 어떨런지요! 좋은 선물이 될 것입니다.

입술의 열매(선물용 케이스)/값 12,000원
순종의 열매(선물용 케이스)/값 13,000원

보이스와 함께 하는 바이블 스터디

James Montgomery Boice

에베소서 1   제임스 몽고메리 보이스 지음/김덕천 옮김/값 7,000원

"대단히 훌륭한 성경적 교회와 그리스도인의 삶!" 사도바울이 친히 3년 간 머물러서 온 힘을 다해 세우고 목회한 교회인 에베소서 교회에게 로마 감옥에서 절절하게 쓴 옥중서신이다. 하나님의 감춰 었던 비밀, 즉 그리스도 안에서 이방인과 유대인이 하나가 되어 한 몸을 이루는 것을 선포하고 있다.

에베소서 2   제임스 몽고메리 보이스 지음/김덕천 옮김/값 8,000원

"바울의 서신 중 가장 신비로운 서신!" 에베소서의 위대한 주제는 시종일관 우리가 하나님께로 돌아서고, 하나님 앞에서 우리를 겸손하게 낮추며, 그분과의 참된 관계를 볼 수 있게 해 줄 것이다. 풍성한 그리스도인의 삶을 살려고 힘쓰는 이들에게 열매 맺는 좋은 신앙의 길잡이도 되어 줄 것이다.

여호수아   제임스 몽고메리 보이스 지음/김덕천 옮김/값 7,000원

"우리는 주님을 섬기리라!" 약속된 기업의 땅 가나안을 얻는 언약 성취의 책으로 "전쟁은 여호와께 속한 것"이라는 진리를 보여주는 영적 전쟁과 정복의 책이며 "하나님 나라의 건설"을 목표로 한 구약의 사도행전이다.

온전한 복음을 가장 훌륭하게 기록한 책!

복음주의 교회들과 복음주의 크리스천들 대부분과 자신이
얼마나 복음을 천박하게 이해하고 있었는지를 알게 된 저자가
이제 기독교의 기본적이고 삶을 변화시키는 교리로 돌아가자고
영적 대각성을 외친다.

로마서(전4권)/제임스 몽고메리 보이스 지음/김덕천 옮김/양장본/값 120,000원

 예배와 삶의 일치

복음에는 하나님의 의가 나타나서
믿음으로 믿음에 이르게 하나니; 기록된바,
"오직 의인은 믿음으로 말미암아 살리라" 함과 같으니라.

로마서 1 : 17

비전북은 **줄과추 도서출판**와 **하늘사다리**가 연합하여 설립한 출판사로서
오직 믿음으로만 살았던 개혁 신앙을 계승 발전시키고
다시 오실 주님의 길을 예비하는 마음으로 21세기에도 역동적인 신앙을 세우는데
꿈과 비전을 품고 예배와 삶의 일치를 이루는 출판 공동체입니다.

하나님은 예배하는 자를 찾으신다

저자 : 크리스 보와터 / 역자 : 정규운
발행처 : **비전북출판사**
전화 : (02)3141-9090 / 팩스 : (02)3144-6620
공급처 : **비전북**
전화 : (031)907-3927 / 팩스 : (080)403-1004

값 6,000원

 예배와 삶의 일치

복음에는 하나님의 의가 나타나서 믿음으로 믿음에

이르게 하나니 기록된 바 오직 의인은 믿음으로

말미암아 살리라 함과 같으니라

로마서1 17